「格安航空会社」の企業経営テクニック

「超低コスト化」と「多数顧客の確保」の方法論

航空経営研究所
赤井奉久
田島由紀子

TAC出版

「**格安航空会社**」の企業経営テクニック

装丁・ＤＴＰ　安彦勝博（安彦デザイン事務所）
図版制作　中野和彦

はじめに

2010年、海外から日本の空に、2つの航空会社が参入し、新たな路線を開設しました。7月に中国の春秋航空が、そしてその4ヵ月後の12月には、マレーシアのエアアジアXが相次いで日本へと就航したのです。

驚くべきは、彼らの設定した運賃でした。春秋航空の茨城―上海便の最低運賃は4000円、エアアジアXの羽田―クアラルンプール間の最低運賃は5000円と、いずれも驚くほどの低価格だったのです。

この両社の日本への参入から、「格安航空会社（Low-Cost Carrier。以後LCCと略）」という名称が連日、テレビや新聞、雑誌などのマスコミで報道され、その注目度は一気に高まりました。

とはいっても、そのころの報道をみると、LCCの「格安」という名前は、なぜか「安売り」という言葉に置き換えられて報じられていたため、一般の人々にとってLCCの激安運賃は、まるで単なるバーゲンセールの商品のように映り、『なぜだかわからないけれども、とにかく安いのだから、勇気をだして乗ってみるのもいいかもしれないね』というような、一種の「怖いものみたさ」を含んだ感覚で、迎え入れられたように思います。

つまり、ＬＣＣは単に「航空券を安売りする航空会社」であり、今まで慣れ親しんできた「礼儀正しい航空会社」と違うのだ。運賃はたしかに驚くほど安いけれども、安全面での保障も、機内での手厚いサービスも期待できない。それどころか、フライトの時間が遅れることもあたりまえといった、いわゆる「二流どころの航空会社」なのだろうとみられていたことでしょう。

そのため、なぜそんな会社が新たに、日本に乗り入れてきただろうか？　と感じた人もいたはずです。

でも、考えてみてください。もしもＬＣＣが、そんな「安かろう、悪かろう」の航空会社であったとしたら、ヨーロッパで年間７３００万人もの人々が、ＬＣＣであるライアンエアーを利用するでしょうか？

また、アメリカで最も入社したい会社として、同じくＬＣＣである、サウスウエスト航空が毎年選ばれ続けるでしょうか？

なにより、品質にこだわる日本人をターゲットに、エアアジアXや春秋航空が、収益を見込んで日本の路線へと参入してくるものでしょうか？

「LCCって、あんなに安い運賃なのになぜ儲かるの？」

それはよく聞かれる質問です。

「東京 ― クアラルンプール間が5000円だなんて、普通なら絶対にありえない運賃だから、何かきっとカラクリがあるはずさ」、と、多くの人が感じているでしょう。そして思いいたるのが、「薄利多売」という言葉かもしれません。

たしかに、同じ仕入原価の商品を安く売れば「薄利」となります。それで儲けをだすためには「多売」でなければなりません。たくさん売ることで、全体の利益を多くするやり方です。

しかし、もしも仕入値を半分にすることができていたらどうでしょうか。それなら、売値を安くしても、利益はしっかりと確保できているのですから、「薄利」ではありません。

また「多売」をしようにも、ある数を境に製造原価が跳ね上がるような商品の場合、それを超えてむやみに売るわけにはいきません。実は航空輸送業界がまさにその典型であり、そもそも「薄利多売」は成り立たないのです。

結論をお話しすると、「ＬＣＣは薄利多売ではない」のです。

「薄利多売」ではないのだとしたら、ＬＣＣはいったい、どのような仕組みで利益を上げているのでしょうか？　そこにはやはり、従来とは異なるカラクリ、すなわち、「ビジネスモデル」があったのです。

今回、このような「ＬＣＣのビジネスモデル」を理解する方法として、「超低コストの公式」と「高搭乗率と利益の公式」という２つの公式に、成功しているＬＣＣにみられる、意欲的な社員をつくるための方法を「社員の力を倍にする秘密」として加えて、本書をまとめました

さらに、これらの「公式」は、実は航空会社以外の会社でも応用できる手法なのではないか、それならできるだけ汎用性を持たせてみよう、と考え、航空業界以外でもみられる、この「公式」にそった具体的な事例をも取り上げて、解説を付しています。

読者の皆様にとって、何らかの参考になれば幸いです。

2012年1月

航空経営研究所所長
赤井 奉久

「格安航空会社」の企業経営テクニック　目次

第2章　超低コストの公式

本書で使用されている用語等について

LCC（Low-Cost Carrier）
座席コストを大幅に低くして、低価格で航空輸送サービスを提供する会社。日本では一般に格安航空会社と呼ばれている。

FSA（(Full Service Airline）
大きな路線網（ネットワーク）と幅広いサービス（フルサービス）を提供する既存（レガシー）の航空会社。ネットワークキャリアー（NC）、レガシーキャリアー（LC）とも呼ばれる。

ボーイング737、ボーイング737シリーズ
アメリカのボーイング社が製造する、ベストセラーの小型中短距離ジェット旅客機。1967年の初飛行以来、性能を向上させながら複数のタイプ（派生型を含めて737シリーズと呼ばれる）が製造されており、これまでの販売数は7,000機、受注段階のものを含めると9,300機に及ぶ。本書ではボーイング社の呼称に合わせて737と略している。

A320、A320ファミリー
欧州のエアバス社製造による旅客機で、ボーイング737と肩を並べるベストセラー機。1987年の初飛行以来、複数のタイプ（A320ファミリー）が製造されており、これまでの販売数は4,900機、受注段階のものを含めると8,200機を越える。

サーチャージ（Surcharge）
旅客・貨物輸送に際して運賃に加えて旅客、荷主に付加される諸料金のことだが、航空業界では一般的に「燃油サーチャージ」として、燃料費の高騰分を乗客、荷主に転嫁する割増料金を指すことが多い。

付帯収入
利用者を運ぶという基本サービスの対価（運賃）以外で、利用者の求めに応じて提供する追加的なサービスで得る収入のこと。LCC各社は、預入手荷物、優先搭乗、機内サービスなど、さまざまな有料サービスを設けている。

第1章

格安航空会社の経営理論とビジネスモデル

1. 格安航空会社の誕生

日本の大半の人たちに、大いなる誤解を生んでいるであろう「格安航空会社（Low-Cost Carrier。以後、LCCと略）」のしくみを解きあかす前に、LCCはいつ、どこで、どうやって生まれ、そしてどのようにしてこんなにも大きな勢力をもつようになったのか、振り返ることから始めていきましょう。

LCCの発祥を明確に特定することはむずかしいのですが、一般的にはアメリカのサウスウエスト航空のビジネスモデルから始まったといわれています。

サウスウエスト航空は、弁護士出身のハーバート・ケレハー氏（ハーブ・ケレハー、またはハーブとも呼ばれる）を中心とした人々により、テキサス州内の地域限定の航空会社として設立され、1971年に運航を開始しました。

自動車やバス利用者をターゲットにして、彼らが安い運賃で運航する航空会社設立を企てたのは、実は運航開始からさかのぼること4年、1967年のことでした。しかし、どの業界でもみられるように、新しい航空会社の、しかも低価格での参入を、既存の航空会社が黙ってみのがすはずはなかったのです。

既存の航空会社との戦いは、草創期のサウスウエスト航空にとって、厳しい試練となりました。ダラス－ヒューストン－サンアントニオ間を結ぶ路線の就航申請はいったんは受理されたものの、既存の航空会社の「就航しようとしている路線はすでに飽和状態であり、これ以上、1社たりとも参入の余地はない」という当局への強い働きかけにより、一転して、飛行許可証の発行を禁じる「緊急差し止め命令」を受けることになってしまったのです。

その後、サウスウエスト航空が飛行許可証を手にするまで、4年もの法廷闘争が繰りひろげられました。その間、既存の航空会社は、潤沢な資金と、豊富な人材、そして大きな政治力によって、飛び立つことも許されないサウスウエスト航空をつぶしにかかりました。

しかし、自身が弁護士でもあったケレハー氏は、「サウスウエスト航空を必ず飛ばすのだ」という決意のもと、法廷の内外で戦い続けたのです。

そして4年という長い戦いの結果、自由度の高いテキサス州の法律が適用されることになり、晴れてサウスウエスト航空の翼が空を舞うこととなりました。

サウスウエスト航空は、それまで温めていたアイデアを次々と実現していきました。さまざまな運賃制度にサービス戦略、もちろん、それまでになかった「低運賃でサービスのよい航空会社」は、多くの人々から大きな歓迎を受けることになったのです。

このときの「戦う精神」は、サウスウエスト航空の企業文化となり、現在の社員にも引き継がれているといわれています。

もう一つ、サウスウエスト航空の特徴として、「型破りな個性」があげられるでしょう。

彼らの型破りな個性は、逆転の発想から生まれたといわれています。サウスウエスト航空が経営を始めた年、彼らはその開業からわずか1ヵ月半程度で、広告費の不足という危機に直面します。やむなく彼らは、「無料で宣伝効果の高い広告」の方法を考えるしかなかったのです。そのときに目をつけたのが「うわさ、口コミ」でした。うわさは型破りであるほど広まるものです。彼らは型破りなうわさ、口コミを広告宣伝の手段にしてしまったのです。

なかでも話題になったのが、自分たちを女性にたとえた「ラブキャンペーン」でした。

〝才気あふれ、はつらつとした、流行に敏感で意外性をもつ女性
――それはサウスウエスト航空〟
〝サウスウエストはあなたを愛する、もう一人の女性です〟
The Somebody Else Up There Who Loves You

右：サウスウエスト航空創設者
ハーブ・ケレハー氏
左：開業当初の「ラブキャンペーン」
の様子

こういったキャッチフレーズのもと、客室乗務員はホットパンツに白いブーツをユニフォームとし、飛行機を「ラブバード」、飲み物を「ラブポーション」、機内で配られるピーナッツを「ラブバイト（いわゆるキスマーク）」と呼ぶ徹底ぶりで、ただのビジネス旅行を「愛の旅行」に変えてしまったのです。

このビジネスマンに向けた意表をつく宣伝は大いなる「口コミ」となり、抜群の宣伝効果を発揮しました。こうして、サウスウエスト航空は、戦う精神を胸に、そして型破りな個性を武器に、躍進していきました。

そんなサウスウエスト航空でしたが、やがて大きな岐路に立たされます。

彼らが一貫して実践してきた戦略は、「短距離直行便を頻繁に利用する州内旅行客に、良質で低価格のサービスを提供すること」です。しかし、1978年、アメリカで航空自由化による規制緩和が行われ、サウスウエスト航空にも州間路線へ参入のチャンスが巡ってきました。このとき彼らは、自身の基本路線を振り返って考えることになったのです。

「今までどおりの『低運賃、短距離直行便』という戦略に固執していることが最良の方法なのだろうか」と。

当時のCEOであったハワード・パトナム氏を中心に、2日間にわたって、サウスウエスト航空の将来像が議論されました。

そして出された答えは、「『低運賃、短距離直行便』という基本戦略を守りながら路線拡大をしていく」というものでした。ジャンボ機を購入して国際線へ進出したり、既存の大手航空会社と張り合うのではなく、『コストを抑えて最大限の利益をあげる』ことを選択したのです。

ケレハー氏の言葉は今も語りつがれています。

「会社の規模と利益率は関係ない」

〈 ポイント・トゥ・ポイント型の就航 〉

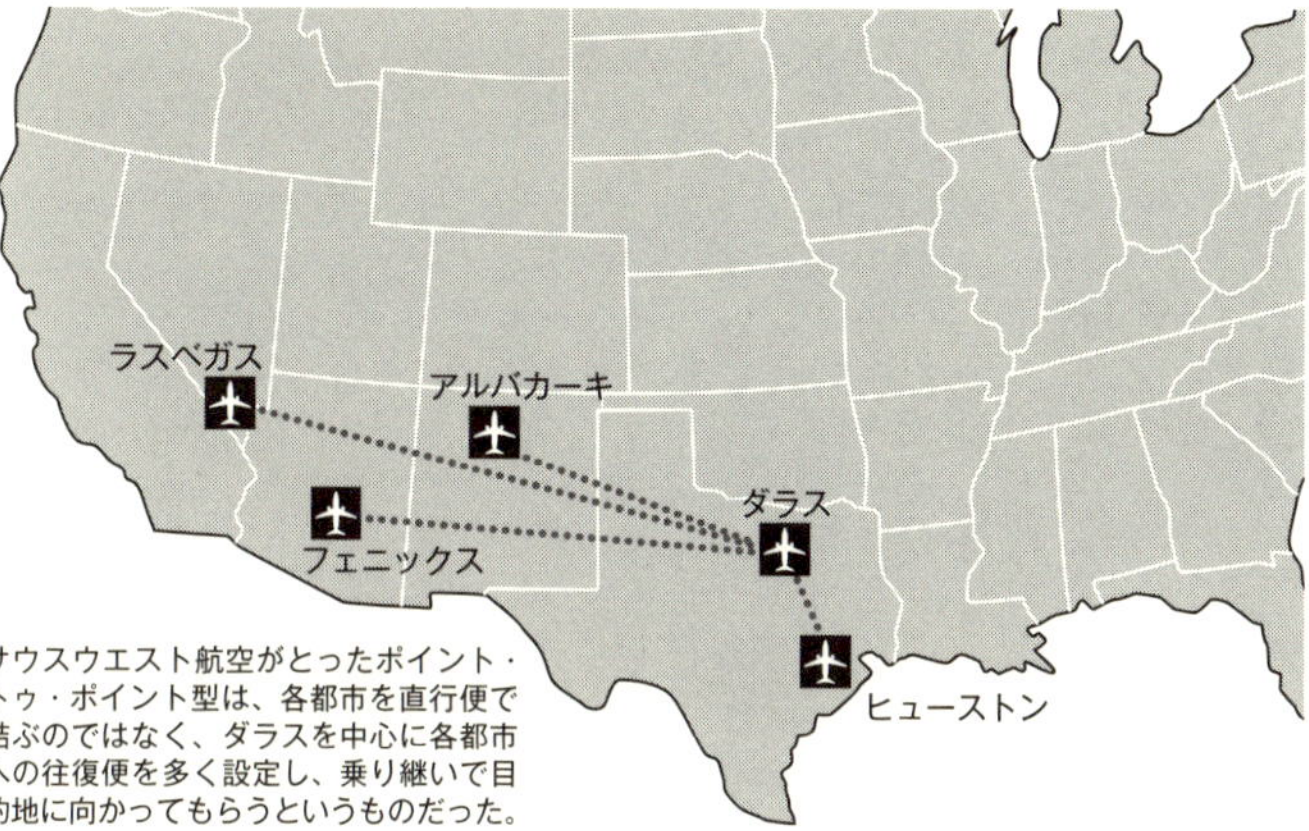

サウスウエスト航空がとったポイント・トゥ・ポイント型は、各都市を直行便で結ぶのではなく、ダラスを中心に各都市への往復便を多く設定し、乗り継いで目的地に向かってもらうというものだった。

その後、サウスウエスト航空は、テキサス州の州内航空会社としては最後発で、州間路線（テキサス州内から他州へと飛ぶ路線）への進出を決めました。その最初の路線は、ヒューストン — ニューオーリンズであり、次にダラス — ニューオーリンズの申請を行いました。しかし、このときも、さまざまな大きな壁が彼らの行く手をはばみました。サウスウエスト航空の本拠地であるダラス・ラブフィールド空港発着に関して、州間路線を制限する法案がつくられてしまったのです。その法案では、ダラス・ラブフィールド空港からはテキサス州を境とする４つの州（ルイジアナ州、アーカンソー州、オクラホマ州、ニューメキシコ州）のみの直行便しか許可しないというものでした。

しかし、サウスウエスト航空はこの障害をも乗り越えます。ダラス・ラブフィールド空港から4つの州までしか行けないのなら、この法案の影響を受けないで、自由に目的地まで飛ぶことができるヒューストン（テキサス州）、アルバカーキ（ニューメキシコ州）、ラスベガス（ネバダ州）、フェニックス（アリゾナ州）を拠点とした定期便を就航させればいいと考えました。つまり、集客の見込める都市を選び、それらの都市をつなぐ路線を開設するという「ポイント・トゥ・ポイント型」の手法をとることにしたのです。

このように、サウスウエスト航空は、「低運賃、短距離直行便」という基本スタイルを守りつつ、「2地点間輸送」を主軸に着実に路線網を広げていきました。

そして、いまでは年間輸送旅客数が、約1億人を超え（2009年）、メジャーも含め世界第1位の航空会社であり、アメリカでもっとも就職人気の高い航空会社となったのです。

さて、サウスウエスト航空の登場後、アメリカのLCC界には新しいタイプのLCCも誕生しています。それが、1998年に設立されたジェットブルー航空です。

ジェットブルー航空は、ビジネス客をターゲットに「居住性のよい客室を低料金で提供する」という新しいビジネスモデルをつくり、ＬＣＣとしては初の、「ＩＴを駆使してコストを下げる」という戦略を武器に、ＬＣＣ市場へ名乗りを上げた航空会社です。

しかも彼らは、運航の拠点を、ＬＣＣとしてはまれなジョン・Ｆ・ケネディ国際空港（ニューヨークの主要空港）という大型空港に置いたのです。これは、「バスで移動していた州内旅行客を対象に、最大の利益を上げる」というサウスウエスト航空の方針とはまったく異なり、ビジネス旅客をターゲットにした点で斬新といえるものでした。

「ローコストとグッドサービスは両立する」という信念を抱いてジェットブルー航空を立ち上げた、ＣＥＯのデビッド・ニールマン氏のこの戦略は、ビジネスマンに歓迎され、参入後わずか5年で収入規模が10億ドルを超す大企業にまで成長したのです。

一方、ヨーロッパでも、統一市場として「一つの空」が実現した１９９０年代後半に、多数のＬＣＣが生まれました。ライアンエアー（アイルランド）や、イージージェット（イギリス）、エア・ベルリン（ドイツ）などです。

これらの航空会社は、アメリカのサウスウエスト航空のビジネスモデルを基調としているものの、サービスの有料化、地域の補助金の活用といったアイデアは、アメリカのＬＣＣの考え方をしのぐものがあります。

現在では、ライアンエアーは欧州域内のナンバー1の航空会社であり、イージージェットやエア・ベルリンも、トップ5の中に入るなど、順調に利用者数の拡大を続けています。

そのライアンエアーは、1985年、アイルランドの片田舎、ウォーターフォードで産声を上げました。創業当初は双発プロペラ機が1機だけで、ロンドン郊外のガトウィック空港を結ぶローカル航空会社という存在でしかなかったのですが、1990年の初めに、LCCへ本格的な経営のかじを切ることになります。

彼らは、サウスウエスト航空のビジネスモデルを手本に、アイルランドからイギリスへフェリーで移動していた200万人を超える人たちをターゲットとして、ウォーターフォード―ロンドン間を、わずか99ポンドという、当時としては破格の価格で戦いに挑んだのです。

“航空ビジネスはもはや価格でしか訴求できない完全なコモディティー（日常品）ビジネスになった”

ライアンエアーのCEO、マイケル・オレアリー氏はそういって、価格でしか勝負できないのなら、最安値で勝負するという戦略をとりました。そして、最も安い運賃を提供し続け

〈世界の主要LCCと開業年〉

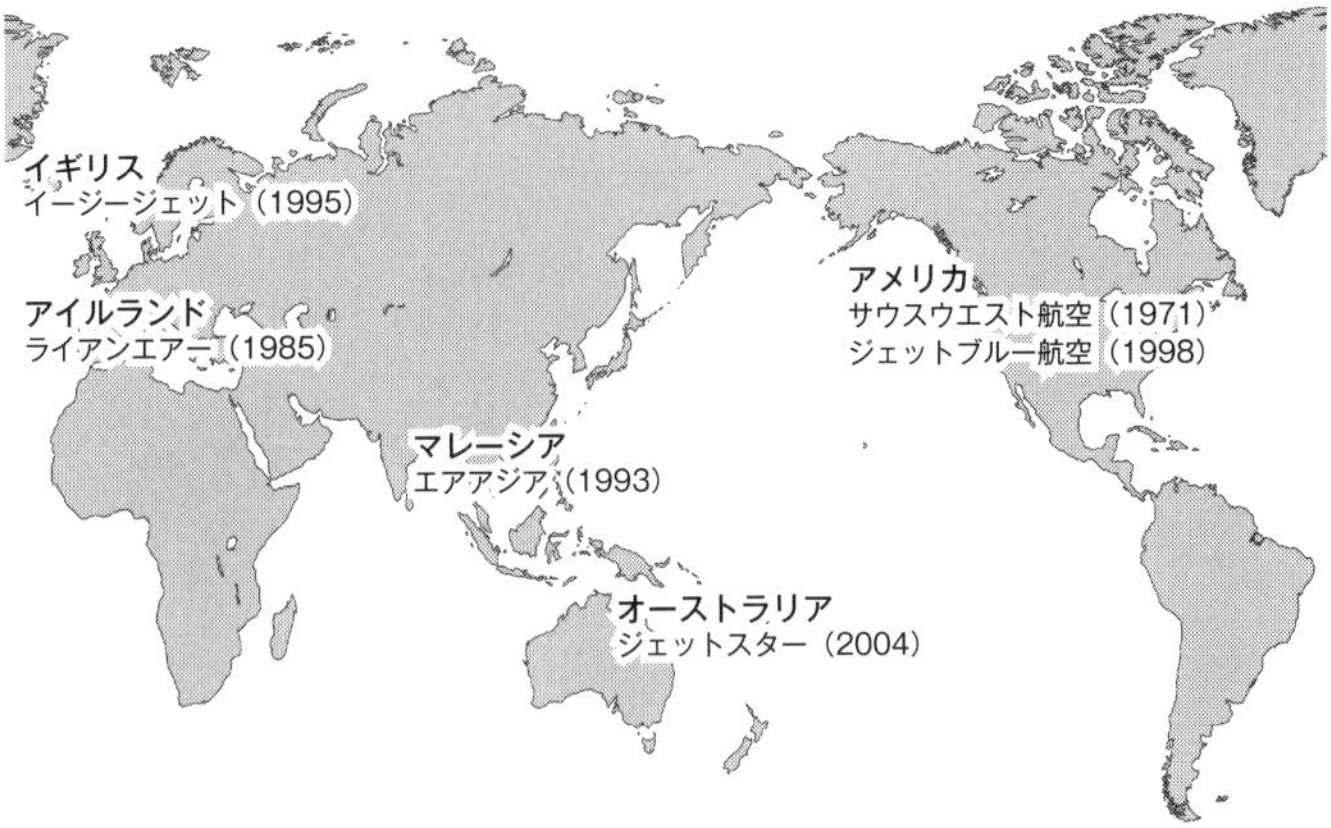

るために、運賃の考え方を変え、破格な安さの「基本運賃」と、別料金（有料）の「付加料金」とに分けたのです。より多くのサービスを受けたい旅客は有料部分が増えるが、基本運賃だけでいいという旅客にとっては格安な旅ができる、というシステムは多くの人々に受け入れられ、乗客の数はうなぎ登りに増えていきました。ちなみに現在のライアンエアーの売上げのなかで、別料金である「付加サービス」からもたらされる収入は、全体の約20％にものぼります。

この「運賃を細かい部分に分ける」というライアンエアーの収入モデルは、それまでのLCCを含むあらゆる航空会社の儲かるしくみに大きな影響を与え、いまでは、航空会社のビジネスモデルとして確立されるまでになっています。

一方、ヨーロッパとは違って市場が統一されておらず、2国間協定ベースで運航を取り決めるといった制限の多いアジア・パシフィック地域では、LCCの歴史はそう古くはありません。しかしながら、このアジア・パシフィック地域でも、2000年以降多くのLCCが誕生しています。

実際に、2001年時点ではわずか1%であった、全航空会社の提供座席数に占める、LCCの提供座席数の割合が、2010年には約18%にまで増加しています。

なかでも注目を集めているのは、会社のシンボルカラーである赤い野球帽がトレードマークのトニー・フェルナンデスCEO率いるエアアジアです。大手レコード会社の役員だったフェルナンデス氏は、ロンドンで利用したイージージェットの低料金に感動して、会社を辞めると、子供のころから夢だった航空業界へ進出することを決めたのです。

当時マレーシアでは、新規の航空会社の設立は認められていなかったため、フェルナンデス氏は経営破たん状態にあった航空会社を、1リンギット（約27円）で買い取ることから始めました。とはいっても、その航空会社には4000万リンギット（約11億円）の負債があったため、大きなマイナスから出発することになったのです。

フェルナンデス氏もまた、サウスウエスト航空の経営手法を手本にしましたが、それに加えて、ヨーロッパのＬＣＣが用いるコストカット術を、積極的にとり入れていきました。

エアアジアの大きな強みは、なんと言ってもコストの安さです。特に人件費は物価水準の低いアジアの優位性から、あのサウスウエスト航空と比較しても、さらに5分の1程度にまで抑えられているというのですから、本当にすごいことです。この安いコストを武器に、アジア35億人に対し、クアラルンプールを拠点として、格安な運賃を提供し続けているのです。

Now everyone can fly!
いまはだれでも飛行機に乗れる時代なんだ!

これはエアアジアのキャッチフレーズです。まさにその言葉のとおり、いままで航空機に乗れなかった人たちが、気軽に航空機を利用できるようになったという功績は、まことに大きなものがあります。

ここまで説明してきたとおり、ＬＣＣにはしっかりとした歴史があり、アメリカやヨーロッパの航空業界で多くの利用者に歓迎され、選択されてきたことがわかります。

では、日本ではどうでしょうか? エアアジアX(エアアジア傘下の国際長距離路線会社)が羽田に就航すると決まったとき、日本では「黒船来襲」とばかりに驚きをもって迎えられました。残念ながらそれは、日本の航空行政が、世界レベルで開かれていなかったことの証にほかなりません。

日本でもいま、政府が掲げる「新成長戦略」に基づいて、首都圏の空港を含めたオープンスカイ(航空自由化)の実現を目指しており、その交渉は急ピッチで拡大しています。日本の空の自由化、オープンスカイの実現によって、アジアの航空業界は大いに活性化し、そしてアジアのLCCは、いっそう発展することになると思われます。

実際に2010年9月、全日空が、香港の投資グループなどと共同でLCCの設立を発表しました。2012年3月1日、いよいよ日本の航空会社としては初のLCC「PEACH(ピーチ)」が、関西空港を拠点として札幌、福岡へと飛び立ちます。

そして、PEACHの話題が冷めやらないうち、全日空は衝撃的な戦略を発表しました。なんと2つ目のLCC、「エアアジア・ジャパン」を設立するというのです(2011年7月21日)。その名前からもわかるとおり、エアアジア・ジャパンは、あのアジアLCCの雄、エアアジアとの合弁会社です。エアアジアのＬＣＣとしてのノウハウを生かし、両社のブランド力とサービスで、２０１２年８月、成田空港から、国内線および国際線へ就航するとのことです。

一方、オーストラリアのジェットスターと、合弁でＬＣＣを立ち上げるのではないかと注目されていた日本航空も、このエアアジア・ジャパンに遅れまいとするかのように、ＬＣＣの設立を発表しました（２０１１年８月16日）。それが「ジェットスター・ジャパン」です。ジェットスター・ジャパンは日本航空、三菱商事、ジェットスターの合弁会社として、ジェットスターのノウハウと各社のブランド力、サービスで２０１２年度中に参入することになっています。就航基地は未定としながらも、成田、関西をはじめ、札幌、福岡、沖縄などの国内路線と、アジア圏内の短距離国際線への就航を目指すとのことです。

このように、日本におけるＬＣＣの幕開けは、世界のなかでは一歩遅れていたものの、２０１０年9月のＰＥＡＣＨ発表から約1年で、3社ものＬＣＣが新設されるという急激な展開が起こったのです。まだ吹き始めたばかりのこの変革の強い風が本格的な旋風となるか、今後が注目されます。

2. 格安航空会社の「ビジネスモデル」とは?

これまで説明してきたとおり、「超低運賃で儲ける」というLCCの基本的なビジネスモデルを最初に確立したのはサウスウエスト航空でした。

アメリカでは航空自由化政策による規制緩和が行われて以後、既存の航空会社はこぞって巨大ハブ空港をつくり、就航路線の拡大や便数の増加、そして航空機の大型化による大量輸送に血道を上げるとともに、高品質かつ、さまざまなシチュエーションに対応したサービスの提供にしのぎを削ってきました。

その間、サウスウエスト航空は、お金をかけた機内サービスではなく、格安な運賃を、小型機による「2地点間輸送」で提供し続けてきました。リーダーがいい続けた「サービスの主人公はスタッフである」との一貫したスローガンは、社員一人ひとりのモラールを高めました。それゆえ彼らが繰りだす、ユーモアあふれるさまざまな人的サービスが、利用者たちをひきつけてファンを拡大することで、高い収益性を維持してきたのです。

彼らが苦労の末につくり上げたビジネスモデルは、その後、世界各地に続々と誕生したLCCで採用されました。そして、そこからさらなる進化を遂げていきました。

では、その進化したビジネスモデルとしてあげられる、「現在のＬＣＣのビジネスモデルの特徴」をみてみましょう。

① 路線は短距離に絞りこむ

就航は、飛行時間で1～4時間程度の比較的短い路線に絞りこんでいます。

サウスウエスト航空はアメリカ各州に、巨大な路線網を築いていますが、4時間を超えるような長距離路線はありません。

ライアンエアーやイージージェットも、ヨーロッパだけで事業を行っており、エアアジアもマレーシアと近隣国との路線のみとなっています。

こういった路線距離には、鉄道やバス、フェリーといったさまざまな手段で移動している旅客が多く、そのなかには航空に取り込める可能性のある需要があります。そこがＬＣＣのターゲットとなるからです。

近年、長距離路線に就航するＬＣＣも誕生していますが、それらは通常のビジネスモデルを若干修正し、長距離路線のみに特化して営業を行うことで、環境に対応しています。

②使用する機種（旅客機の種類）は1種類に絞りこむ

ほとんどのＬＣＣは、使用する旅客機の機種を１つにそろえて（統一して）います。しかも、ほとんどのＬＣＣで、ボーイング社のBoeing 737シリーズ（以後、７３７と略）か、エアバス社のAirbus A320ファミリー（以後、Ａ３２０と略）が採用されています。サウスウエスト航空やライアンエアーでは、７３７を使用しており、イージージェットやエアアジアではＡ３２０が使われています。他の機種では、ＬＣＣが使うには座席あたりコストが高くついてしまう、あるいは、高い搭乗率の達成がむずかしいといえるからです。ただし、長距離路線に特化されたＬＣＣ（ジェットスター、エアアジアＸなど）は、Ａ３３０という大型機（Ａ３２０と比べ一回り以上大きい機種）が一般的です。こういった機種選定はＬＣＣの経営にとって大きな意味をもっているのですが、それについては第２章でくわしく触れていきたいと思います。

③航空機の稼働時間を多くする

航空機の購入（導入コスト）は、高額な投資であり、普通に使用したのでは、そのコストを回収するまでに相当な時間がかかります。しかし、１日に多くの回数を飛ばすことができ

〈LCC ビジネスモデル 10 項目〉

1	路線は短距離に絞りこむ
2	使用する機種（旅客機の種類）は一つに絞りこむ
3	航空機の稼働時間を多くする
4	２地点間の単純往復運航
5	機内の座席を多くする
6	サービスを絞りこんで単純化する
7	混雑していない第２の空港を使用することが多い
8	機内サービスの廃止や簡素化、有料化
9	自社ホームページを使ってのネット販売
10	積極的に売る付加サービス

れば、つまり機材の稼働時間を増やすことにより、1便あたりの、また1座席あたりの機材費を割安にすることができます。

低コスト化が不可欠のLCCでは、手持ちの航空機を早朝から深夜遅くまで飛ばします。さらに、空港到着から次の出発までの地上時間（乗客の乗降や荷物の積み下ろしのほか、整備などを行う時間）を極力短くすることで、可能な限り多くの時間と回数を飛べるよう努めています。

④ 2地点間の単純往復運航

LCCの路線は、ほとんどが2地点間を単純往復するものばかりで、多くの地点を経由して最終目的地に行くというような便はありません。ですから、旅客の乗り継ぎや荷物の移し替えといったことを考慮しないですむのです。

もちろん運賃にも、往復割引や通し運賃、他社との乗り継ぎ運賃といったものもありません。すべて片道運賃というのが通常です。

⑤機内の座席を多くする

LCCでは、1機の航空機で運べる座席の数を、可能な限り多くしています。座席はすべてエコノミークラスにして、座席指定を行わない「自由席」としているのが普通です。

そのため座席は多少窮屈で、機内はすし詰め状態となります。しかし、乗客のほとんどは「それが低運賃の前提である」と理解していますし、そもそも短時間のフライトですから、乗客からの不平不満もほとんどありません。

⑥サービスを絞りこんで単純化する

LCCでは、旅客一人ひとりのニーズや気持ちに配慮した対応ではなく、あらかじめ公表した内容のサービスのみを、てきぱきとこなすことに徹底しています。搭乗手続きは所定の時間どおりに行い、遅れた旅客を待つといったような便宜も図りません。

だからといって、けっしてLCCのスタッフが無愛想というわけではありません。LCCは、そうした取り扱いのルールを前提とした、フルサービスを行う既存の航空会社（Full Service Airline。以後、FSAと略）とは、まったく異なる種類の事業を行っていると考えてもいいでしょう。ひょっとしたら、鉄道やバスといった事業に近いのかもしれません。

⑦混雑していない第2の空港を使用することが多い

LCCは、多くの航空会社が利用し、混雑しているハブ空港は避け、市街地から多少離れていて不便であっても、航空会社の誘致活動に熱心な第2、第3の空港を好んで選択し、路線を就航させています。

たとえばライアンエアーが巨大なハブ空港を避け、ロンドンではスタンステッド空港、フランクフルトではフランクフルト＝ハーン空港、ブリュッセルではシャルルロワ空港という、比較的小さい空港を使っているのが好例といえるでしょう。

日本でも、春秋航空が定期チャーター便として乗り入れた先は、成田国際空港でも東京国際空港（羽田）でもなく、茨城空港でした。そういう空港は、施設が大空港ほど整っていないことが多く、ボーディングブリッジを使わずに、旅客自身が歩いてタラップを上るということも、よくある光景です。しかし、こうした空港は、乗り入れのための費用が安く、その分、運賃も安くすることができるのです。

実はこうした第2、第3の空港は、費用を抑えられるという面以外にも、大きな魅力があります。それは後ほど紹介します。

⑧機内サービスの廃止や簡素化、有料化

ＬＣＣの機内では、航空会社のほうがお金をかけて、利用客に無料で提供するといったサービスは、基本的にはありません。豪華な機内食が出ることもなく、大画面での映画上映もありません（なにしろ、機内にはスクリーン設備すらないのですから……）。食事についていえば、利用客は航空会社が用意している簡素なメニューのなかから、有料で注文することができます。

また、機内で使うブランケット（毛布）やオーディオも有料です。ただし、それらのサービスも、事前に予約しないと、売り切れで入手できないことや、割高の値段となってしまうことだってあります。

レストランにたとえると、ＦＳＡは「フルコースの料理」であり、ＬＣＣは単品で、自分

〈フランクフルトの2つの飛行場と距離〉

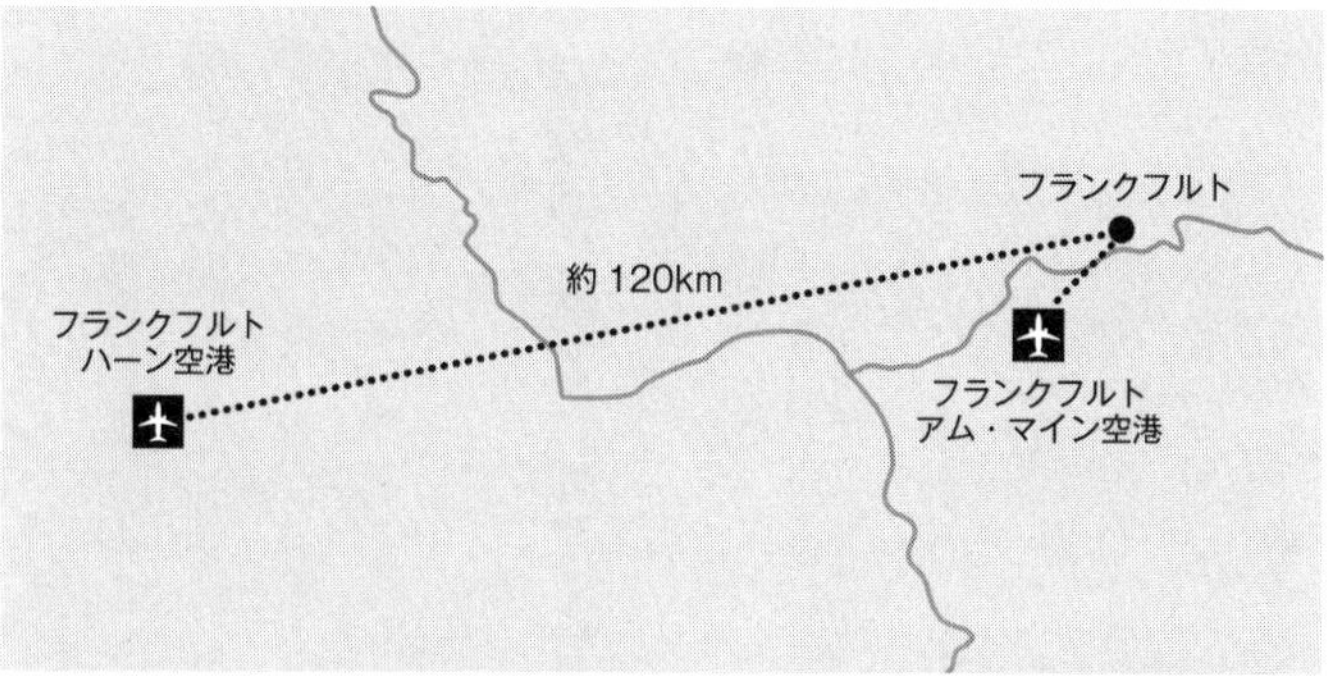

フランクフルトには2つの国際空港がある。フランクフルト市街に近いのが、フランクフルト・アム・マイン空港、ラインエアーが主に使用しているのがフランクフルト・ハーン空港である。

好みのスタイルで料理を選べる「アラカルト・スタイル」といったところでしょうか。

⑨自社ホームページを使ってのネット販売

予約や購入代金の支払いは、原則として旅行会社等を通さず、旅客がインターネット上のホームページを通じて、航空会社と直接行うかたちとなります。

ネット販売システムは非常に単純で、だれもが簡単に予約できるものです。加えて最近では、フェイスブックなどのソーシャル・ネットワーキング・サービスによる利用も進んでいます。そのため、電話で応対する予約センターは置かず、あっても規模は小さく、しかも有料での対応となるのが普通です。

実はこの販売方法が、ＬＣＣの収入を最大化するのにも大きな効果を発揮しているのです。

さらに、航空券の販売のための宣伝にお金をかけることは、基本的には行いません。ただし、席数や期間限定で破格の低運賃を提供したり、奇抜なサービスを行うなどしたりして、世間の注目をひき、販促効果を上げる手法が多々みられます。言い方を換えれば、無料であるマスメディアや口コミを利用して、販売を促進しているということです。

⑩ 積極的に売る付加サービス

ＬＣＣの低運賃は、乗客を安全に時間どおりに運ぶという「基本サービス」のために必要な、最低限の費用をベースとしているといえます。それを超えて、人手や費用のかかるサービスには、別料金を徴収するというのが基本的な考え方になっています。

たとえば機内での軽食やアメニティ、貸し出しのオーディオなどのほか、預かり荷物などについては、とりわけ高い付加料金を課して、収益を上げています。

さらに、追加料金を徴収できそうなサービスについては、次々と有料化しています。たとえば搭乗の順番を二分割して、早く搭乗したいという人には追加料金を課したり、足元が少し広いなど、人気のある座席への着席にも、追加料金を求めるといったことをしています。

一時は、トイレの利用を有料にするといったうわさが、まことしやかに流れたことさえあります。

また、旅客以外からの収入源として、ホームページはもちろん、機内のいたるところに、さまざまな広告掲出スペースを設けるとともに、機体の内装や外装にも広告を付すことで、広告収入を稼ぎだしているのです。こういった収入についても、運賃に反映させることで、低価格を実現しているわけです。

3. ビジネスモデルを忘れた航空会社「ピープル・エキスプレス航空」の例

成功しているＬＣＣは、「普通の運賃を低価格に抑え、低運賃の航空会社をつくる」という目標がはっきりしていますから、先述した「10項目のビジネスモデル」を基本として、経営戦略がぶれることはありません。

しかし、この基本から外れていったことで経営破たんに陥ってしまったＬＣＣが存在します。それがピープル・エキスプレス航空です。

ピープル・エキスプレス航空は、アメリカで航空自由化による規制緩和が推し進められていた真っ只中、1981年に運航を開始しました。開業当初から低コスト・低運賃を武器に、短期間に成長を遂げ、一時はアメリカで第5位の航空企業にまで躍進し、〝極めて革新的で成功したベンチャー企業のモデル〟と高い評価を受けたほどでした。

しかしながら、急激な拡大がたたり、就航から6年も経たないうちに、経営破たんしてしまったのです。

では、その急激な躍進の理由は何だったのでしょうか？　そして破たんした原因は何だったのでしょうか？

躍進の理由は、一口でいえば、LCCのビジネスモデルを採用したことです。そして破たんにいたった原因は、儲けをさらに拡大するために、LCCのビジネスモデルとは正反対のことをしてしまったことなのです。

これはいったいどういうことなのか、ピープル・エキスプレス航空の栄光と没落の歴史をみていきましょう。

① 当初の躍進の理由

ピープル・エキスプレス航空は、ドナルド・バー氏が1980年に新規に設立した航空会社です。

バー氏は、ハーバード・ビジネス経営大学院修士課程（MBA）を卒業し、航空企業等を専門とする投資会社を経て、テキサス国際航空に転じました。そこで、「ピーナッツ運賃」という大型割引運賃を導入して、テキサス国際航空を急成長させた人物です。

1979年、テキサス国際航空の社長を辞任した彼が、翌年に設立した航空会社がピープル・エキスプレス航空です。1978年の航空規制緩和法の制定後、最初に申請された「低コスト・低運賃」で運航する新規航空会社でした。

彼らは、すでにサウスウエスト航空が路線網を拡大しつつあった西部地域を避け、需要密度が高く、伝統的な航空会社の市場であった東部地域（飛行機による移動を好む人が多かった）を開業の地に選びました。

マンハッタンに近いニューアーク・リバティー国際空港を拠点としたのは、混雑しているジョン・F・ケネディ国際空港を避けたからです。

長らく荒れはてていた北ターミナルを格安で賃借した彼らは、737―100型3機を中古で調達すると、購入時は90席で設定されていた機内を、全席エコノミーの118席に増席改修し、1981年4月に飛行時間の短いバッファロー、コロンバス、ノーフォークの3路線で就航しました。

ピープル・エキスプレス航空では、サービスを簡素化（ノンフリル化）して座席指定のない自由席制を採用するとともに、機内での軽食や荷物の受託は有料化し、乗り継ぎ航空券の発券や他社への荷物転送等の乗り継ぎへの便宜などは行いませんでした。

また、1人の従業員が複数業務を担当する勤務制度（多機能化）をとり入れ、航空機1機あたりに必要な人員数を、業界平均の約半分にしてしまったのです。加えて社員の平均賃金も、既存の航空会社の半分以下に抑制しました。

一方で、機材の稼働時間は、当時の業界平均（7時間強）を大きく上回る10時間超にまで引き上げました。これにより座席コストは、サウスウエスト航空をも下回るレベルになったのです。

また、ピープル・エキスプレス航空が始めた、「ターミナルにはチケットカウンターはなく、旅客が機内に乗りこんでからチケットを買える」という方式も話題となりました。

このように徹底的なコスト削減を行うことで、ピープル・エキスプレス航空は既存の航空会社と比べて、4～8割も安い破格の運賃を提供しました。これにより、既存の航空会社からだけではなく、バスや自動車を利用していた人たちからも、新たな需要を取り込んで事業は急成長を遂げました。

乗客数の増加により、ピープル・エキスプレス航空の機材数は、1年後には20機となり、乗り入れ空港も16空港に拡大。就航2年目には、早くも黒字を計上することができました。

そして3年目には、売上高は2.9億ドルに達し、1千万ドルの利益を上げます。まさに、LCCビジネスモデルのお手本のような事業展開が、躍進をもたらしたといえるでしょう。

しかし、あまりにも急激すぎるその成長は、最初からリスクをはらんだものだったのです。

②その後の破たんの原因

このような急成長を遂げたピープル・エキスプレス航空でしたが、彼らはこの後、自らの価値を「利益」にではなく、「規模拡大」に求めてしまったのです。規模の大きさや路線網の広さが競争力を強め、利益を生むとの「規模への信仰」からでした。これはサウスウエスト航空とは考え方が異なるものです。

しかも、この「規模への信仰」が、目標とするマーケットに対して「選択と集中」していくのではなく、逆に「多方面に拡散させる」方向へと向かわせる結果となってしまったのです。

ＬＣＣが短距離路線の運航を行う際の旅客機の選択は、「儲かる大きさの単一機種」を選択するべきものです。しかし、ピープル・エキスプレス航空は、それに最適な７３７だけでなく、座席数が多い７２７に加え、さらに大型の７４７（通称ジャンボジェット）まで導入するとともに、長距離路線や国際線にまで勢力をひろげようとしてしまったのです。

たしかに大型機の採用は、座席あたりのコストを引き下げる1つの手段とはなるものの、一度に多くの座席を販売し、高い搭乗率を得るのは小型機と比べてむずかしくなります。多い座席を旅客で満たすために、さらに運賃を下げてでも販売をひろげなければならないため、結果的に平均収入単価が下がりがちになる傾向があるのです。そのうえ、機種の多様化により低かったはずの座席コストは、むしろ上昇していく結果となってしまったのです。

しかも、彼らは事業拡大のため、他社の吸収合併を積極的に行っていきました。これが逆効果となります。合併による人員増に加えて、規模の拡大にあわせた人員の採用を急速に推し進めたことで、従業員のモラールの低下を招き、乗客へのサービス品質が落ちていったのです。当時、サウスウエスト航空の乗客苦情率（乗客10万人あたりの苦情件数）が、0.5ポイ

〈ピープルエキスプレス航空の事業規模の変化〉

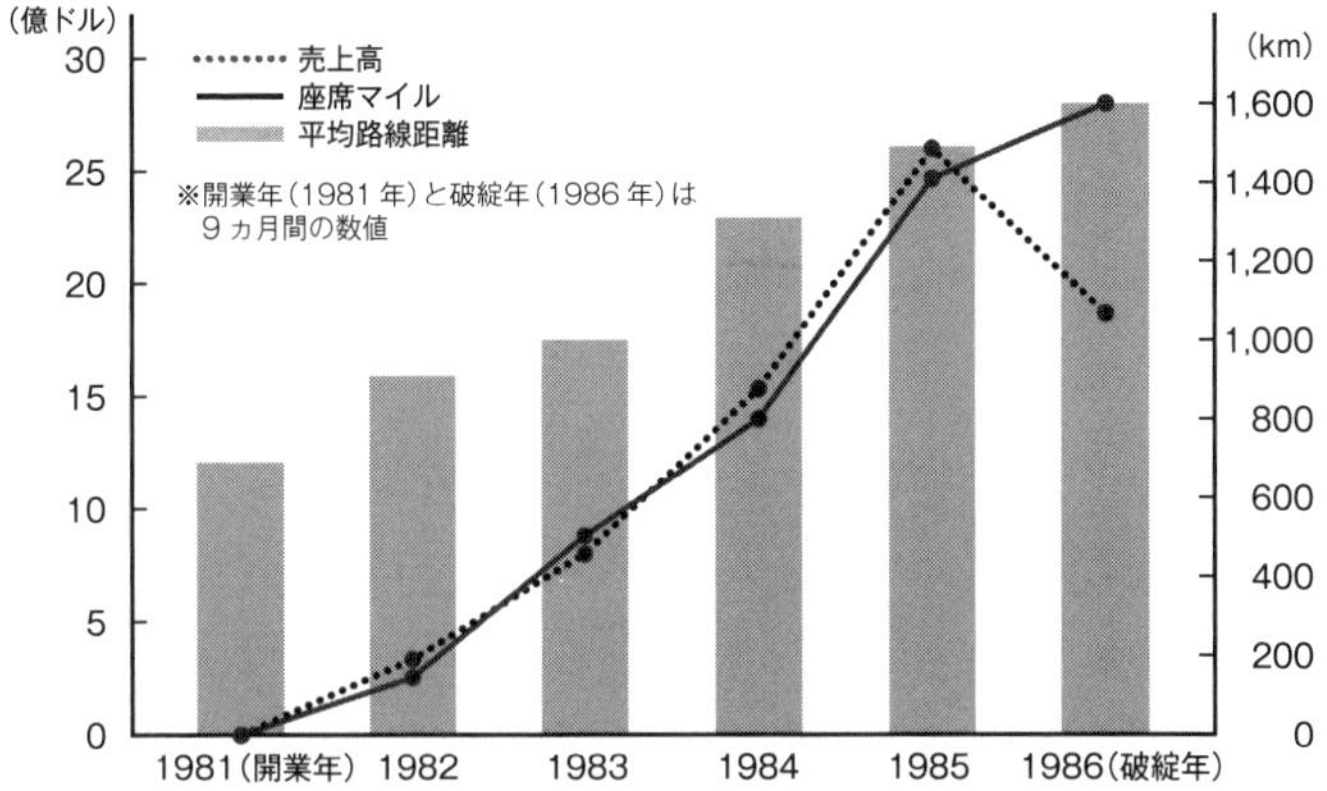

（Harvard Business School データをもとに航空経営研究所作成）

ント未満で推移していたのに対して、このころのピープル・エキスプレス航空のそれは、なんとその20倍の数字となっていたのです。

特に、ゆきすぎたオーバーブッキング（予約をしても搭乗しない旅客をあらかじめ見込んで、座席数を上回る予約を受け付けること。多くの航空会社でも、独自の計算に基づいて、日ごろから行われている行為）が、予約しているにもかかわらず搭乗できない旅客の不評を買い、客離れが一層加速し、搭乗率はさらに低下していきました。

このころ、ピープル・エキスプレス航空の社内では、従業員の混乱と、会社側との意見のぶつかりから、たびたび労働紛争が発生する事態となっており、社内と社外で、まさに二重の苦しみが生まれていたのです。

そこに追い打ちをかけるように、既存の大手航空会社から、ピープル・エキスプレス航空をねらい撃ちにした激しい安売り攻勢をも受けることになります。

特に、大手航空会社がコンピューター予約システム（Computer Reservation System：CRS）を開発し、同一の便の座席に対して、多くの種類の運賃（さまざまな割引運賃に加え、時期によるニーズを考慮した価格）を設定するようになったことは、基本的に1便に1種類の運賃しか設定できない状況にあったピープル・エキスプレス航空の競争力を弱めていきました。

しかも、数々の航空会社の買収のために、多額の出費が発生していたことで、ピープル・エキスプレス航空の損益は、急速に悪化していきました。2年目の時点で黒字化を達成していながら、4年目以降には、一転して大きな負債を抱えることになったのです。

その後、経営建て直しのため、企業買収で一層の規模拡大を目指したり、ターゲットをビジネス客重視に転換したりといった、焦点の定まらない経営が行われましたが、この時点で、ピープル・エキスプレス航空にはもはや、LCCのビジネスモデルなどなに一つ残ってはいなかったのです。

そして資金力が弱い状況のまま、さまざまなリスクをまともに浴びることとなって、ピー

〈 ピープルエキスプレス航空の搭乗率と損益の変化 〉

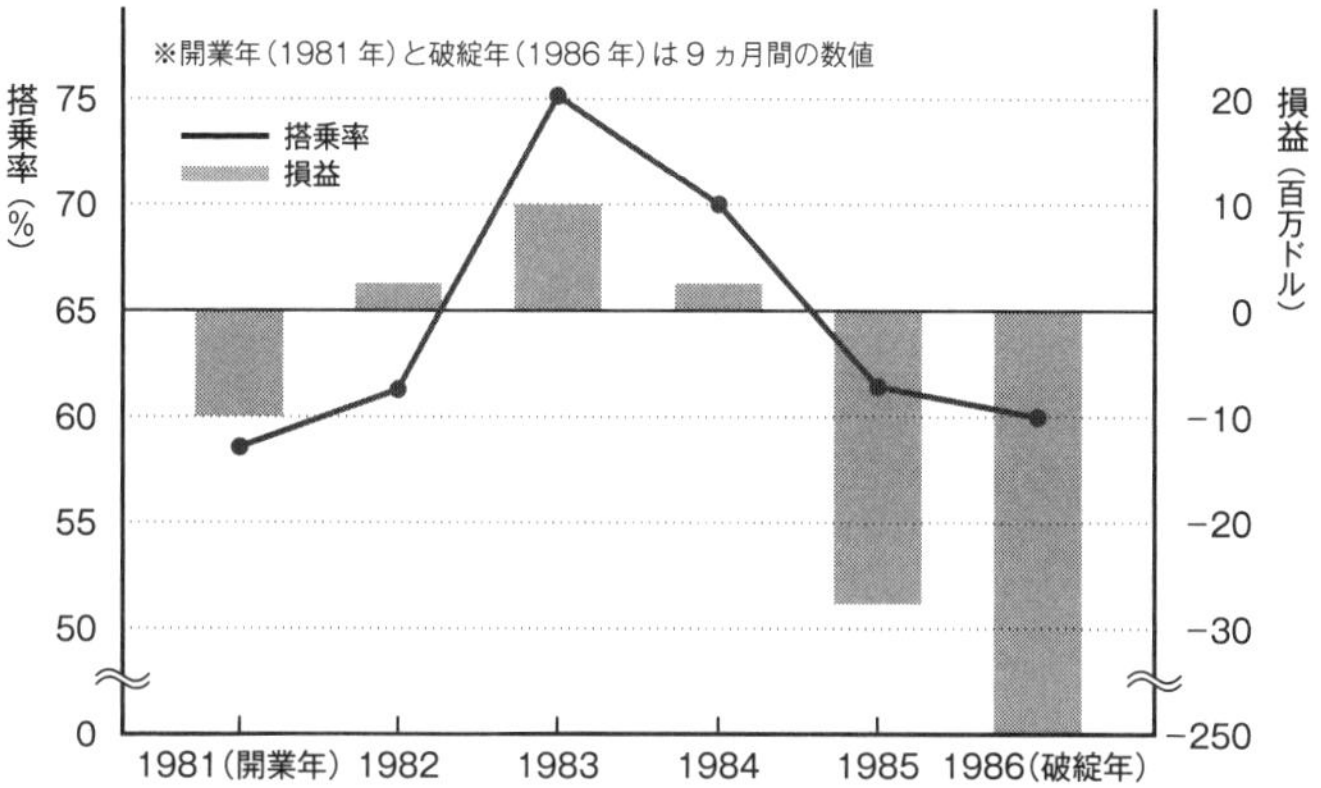

（Harvard Business School データをもとに航空経営研究所作成）

〈 ピープルエキスプレス航空破たん時の保有機材数 〉

小型機	737-100	118 席	× 17 機
	737-200	130 席	× 5 機
中型機・大型機	727-200	185 席	× 50 機
	747-100	435 席	× 3 機
	747-200	435 席	× 6 機

プル・エキスプレス航空はついに力尽き、経営破たんへといたりました。

社員参加型経営を目指す象徴として、『ピープル（社員）・エキスプレス』と名づけられた航空会社が、急激な事業拡大により、社員の過重労働と勤労意欲の低下を招き、結果的に空を飛び続けることができなくなってしまった。それはあまりにも皮肉なことかもしれません。しかし、こうしてLCCが、いや、LCCだった航空会社が一つ、消えていったわけです。

ピープル・エキスプレス航空は、低運賃ながら、サービス品質も高いサウスウエスト航空とは、まさに好対照の航空会社であったといえるでしょう。

4．ビジネスモデルから導かれる2つの公式

サウスウエスト航空の成長と、ピープル・エキスプレス航空の経営破たんをみていただきましたが、ここまでのところで、LCC成功のビジネスモデルが、おぼろげながらみえてきたことでしょう。

LCCの成功の秘訣は、「LCCビジネスモデル10項目」の中から導きだされます。

それをだれにでもイメージしやすいように、数学の公式のように表現したものが、次にあげる「低コストの公式（第1の公式）」と「高搭乗率と利益の公式（第2の公式）」なのです。

○低コストの公式（第1の公式）
少ない費用 ÷ 多い座席数 ⇓ 超低コスト
○高搭乗率と利益の公式（第2の公式）
多い収入 − 少ない費用 ⇓ 利益

この2つの公式から求められる答えを読み解けば、「低コストの公式」は「原価を安くする」ということがポイントであり、「高搭乗率と利益の公式」は「限られた商品をできるだけ多く売ることで、利益を稼ぎだす」ことが重要だとわかるはずです。

航空業界における原価（コスト）とは、「いくらで1席を製造するか」ということです。その製造費には燃油費も、乗務員の給与も、地上スタッフの人件費も、機内サービスにかかる費用も含まれます。もちろん、本社が抱える広告宣伝費や、販売にかかわる費用といったものもすべて対象になります。それらの費用を、実際に提供した座席数で割ったもの（より正確にいえば「座席数 × 飛行距離」で割ったもの）が「席あたりコスト」と呼ばれるもの、つまり「いくらで1席を製造するか」ということになります。

ですからコストを低くするためには、可能なかぎりすべての費用を低く抑えこむと同時に、できるだけ多くの座席を提供すればいいことになります（だって座席数による割り算ですからね）。

ただし座席を多くすればいいからといって、機内座席の多い大型の旅客機にすればいいというわけではありません。なぜなら、大きな旅客機は購入費も高くなりますし、その大きな機体を飛ばすぶん、燃油も多く消費します。なにより、増やした座席をしっかりと売らなければ、増えた費用は回収できなくなってしまいます。毎日すべての便で、常に安定した座席数を売るのは、並大抵のことではありません。販売力にあわせた旅客機の大きさでなければ、かえって費用ばかりが増えることとなり、採算がとれないのです。

大事なことは、提供座席数に対して、どれだけ売れるかということ、すなわち「高搭乗率」なのです。

前項で述べたピープル・エキスプレス航空の誤りは、そこにあったといえます。「多売」を狙って機材を大きくし路線をひろげたことで、費用が増えて1席あたりのコストも上昇してしまった。しかも、そうまでして増やした座席は十分には売れず、収入の単価が低下してしまう。そうなれば「薄利」となってしまう。二重の苦労を背負いこんでしまったことが、彼らの失敗の原因だったというわけです。低コストを推し進めるとともに、提供座席数を増やしていく。そのバランス感覚が、LCCにとっては不可欠なのです。

では、実際にLCCではFSAと比べて、どのくらい低コスト化を実現し、どのくらい提供座席数を増やし、そしてどのくらい高搭乗率をマークしているのでしょうか？

その疑問に答えるため、アジアを代表するLCCであるエアアジアと、同じくアジアのFSAであるマレーシア航空の、2009年における座席コスト、収入単価、機材稼働率等をもとに、この公式にあてはめるためのモデル数値を作成しました（P51に記載）。これを公式にあてはめて、LCCとFSAの差をみていきましょう。

①「低コストの公式」にFSAとLCCのモデル数値をあてはめる

第1の公式である「低コストの公式」は、費用全体を極限まで切り詰めた「少ない費用」を、その費用を使って生みだした「多い座席数」で割ることにより導きだされます。

ここでいう「多い座席数」は、「多い機内座席数」の旅客機を、毎日できるだけ（延べ回数で）多く飛ばせるという、「多い機材稼動時間」から決まるものです。これにより、１席あたりのコストがどの程度安いのか、という「超低コスト」が求められるというわけです。

ＦＳＡで、Ａ３２０クラスの航空機が１０００km飛んだときに、必要となる費用は86万６０００円ですが、ＬＣＣでは、同じ条件で飛んだ場合の費用が46万６０００円と、なんと半分強程度（54％）に抑えられており、ＬＣＣの方が大幅に少ないということが分かります。

その理由はいうまでもなく、あらゆる費用を切り詰めているからです。どんな部分を切り詰めているかという点については、第２章で説明しますが、いまは、それほどの差が生じているという点をしっかりと把握してください。

次に、「多い座席数」をみてみましょう。ＬＣＣの機内座席数は１８０席であり、ＦＳＡの１６０席と比べると20席（約12％）も多くなっています。

さらにＬＣＣは、１日の間に機材を飛ばす時間数、すなわち機材の稼働時間もＦＳＡと比べて長くなっています。これにより、同じ型の機材でも座席の生産力が約７％多くなります。

これら２つの要素をあわせると、ＬＣＣはＦＳＡと比べて、約２割も多くの座席数を生みだしていることになります。

〈 第１の公式「超低コストの公式」〉

少ない費用　÷　多い座席数　⇒　超低コスト

多い機内席数　×　多い機材稼働時間

〈 FSA と LCC の費用比較・アジアモデル 〉

	FSA	LCC
A320 クラスの航空機が 1,000km 飛ぶのにかかる費用	¥866,000	¥466,000
機内の座席数	160 席	180 席
機材の稼働率	100%	107%
1席あたりのコスト	¥5,410	¥2,410

※機材の稼働率は FSA の稼働率を 100%とした際の LCC の稼働率として算定

このように、ＬＣＣはＦＳＡの約半分という少ない費用（正確には54％）で、ＦＳＡより２割も多い座席数（商品）を生産しているわけです。

実際にこれがどの程度、コストに反映されるのかというと、ＬＣＣの１座席あたりのコスト（１０００km運んだ時）が２４１０円であるのに対して、同じくＦＳＡは５４１０円と、なんと半分以下（45％）となっているのですから、その効果のほどがハッキリとわかるはずです。

②「高搭乗率と利益の公式」にＦＳＡとＬＣＣのモデル数値をあてはめる

座席あたりコストを非常に低く抑えて、１便あたりの費用を最小にしたとしても、収入がその費用を上回らない限りは、利益を得ることはできません。そこで登場するのが、「高搭乗率と利益の公式」なのです。

あたりまえのことですが、利益を得るためには「収入－費用＞０」が成り立つ必要があります。すなわち「多い収入」で「少ない費用」をカバーしてはじめて利益が得られるということです。

「多い収入」は、「超低運賃で多い旅客数」を運ぶことで得られます。そして「多い旅客数は多い機内座席」を「高い搭乗率」の旅客で満たすことで得られるのです。

つまり、低運賃を前提としているＬＣＣにとって、費用を上回る収入を得るためには、常に「高い搭乗率」をキープし、それによって十分な旅客数を確保することが、生き残りの大切な鍵となっているわけです。

これをわかりやすく説明した公式が「高搭乗率と利益の公式」です。

では、この公式の内容を一つずつみていきましょう。まず「多い旅客数」をみてください。ＦＳＡでは、旅客機１機あたり１６０席の座席に対して、搭乗率が69％ということで、旅客数は１１０人ということになります。

これに対してＬＣＣでは、旅客機１機あたりの席数が１８０席と、ＦＳＡに比べて20席も多いことに加えて、搭乗率も76％と７％も高いため、旅客数は１３７人となります。この時

〈 第２の公式「高搭乗率と利益の公式」〉

多い収入　－　少ない費用　⇒　利益

超低運賃　×　多い旅客数

多い座席数　×　高い搭乗率

〈 FSA と LCC の収入と費用の比較 〉

		FSA	LCC
収入	① 席数	160 席	180 席
	② 搭乗率	69%	76%
	③ 旅客数（①×②）	110 人	137 人
	④ 1,000km あたりの収入単価	￥7,210	￥4,470
	⑤ 1,000km あたりの収入	￥791,000	￥613,000
費用	⑥ １席あたりのコスト	￥5,410	￥2,410
	① 席数	160 席	180 席
	⑦ 1,000km あたりのコスト（①×⑥）	￥866,000	￥434,000
	⑧ 1,000km あたりの利益（⑤－⑦）	▲￥75,000	￥179,000

点で、ＦＳＡより25％も多いということです。

次に「多い収入」ですが、ＬＣＣでは、収入単価（旅客1000㎞あたり）が４４７０円であり、ＦＳＡに比べて約４割も低くなっています。このため、１機が１０００㎞飛んで、各旅客から得られる収入は、ＬＣＣが61万３０００円であるのに対して、ＦＳＡが79万１０００円と、２割以上も低い金額となっています。

しかし、問題はその収入を得るために、どの程度の費用をかけているかという点です。

「少ない費用」をみてみると、ＦＳＡは１０００㎞飛ぶために、86万６０００円の費用がかかっています。一方で、さきほど説明したＦＳＡの収入が79万１０００円でしたから、実は費用が収入を上回っていて、なんと７万５０００円の赤字が生じていることがわかります。

ところがＬＣＣは、同じように飛んでも費用は43万４０００円と、ＦＳＡの半分程度しかかかっていません。このためＦＳＡと比べて４割も低い、61万３０００円という収入単価でありながら、なんと17万９０００円の利益を得ているわけです。

このように、同じ航空会社でありながら、ＦＳＡとＬＣＣでは、利益をだすための「収入と費用の配分」が大きく違っているのです。

ＬＣＣはその低コストの構造ゆえに、大きな利益を上げることができているということです。

5．LCCとFSAの業績状況

ここまで、LCCの誕生から、その経営理論、そしてビジネスモデルの概要を説明してきました。

第2章、第3章では、そのビジネスモデルをもう少し詳細に説明していきますが、その前に、実際にいま、LCCとFSAの売上げにどの程度の差が生じているのか、みなさんにその状況をぜひ知っておいていただきたいと思います。

2009年度における、主要LCC各社とFSA各社の業績を簡単に比較してみると、まさにはっきりと明暗が分かれる結果となっています。

主要LCCが軒並み黒字を計上するなか、FSAは一様に不振を極めたのです。

主要LCCとFSAの営業利益率（売上高に対する営業利益の割合）をみてみましょう。

LCCのほうは、ライアンエアーとエアアジアが急激に成長を続け、10％を超える営業利益率を達成しています。

サウスウエスト航空も2.5％と手堅い利益率で、37年連続の黒字を計上しました。

また、アメリカのジェットブルー航空は8.5％、オーストラリアのジェットスターも5.8％の利益率を確保しています。

一方、ＦＳＡのほうはというと、アメリカのデルタ航空、アメリカン航空、ユナイテッド航空というトップ3がともに赤字、ヨーロッパでも、ルフトハンザ航空のみが小幅な営業利益プラスとなったものの、ブリティッシュ・エアウェイズとエールフランス、ＫＬＭオランダ航空グループは赤字という状況になっています。

またアジアでも、シンガポール航空が辛うじて黒字を確保したものの、マレーシア航空をはじめ、多くのＦＳＡが赤字になりました。

２００９年度は、前年に発生したリーマンショックを引き金とした金融不況によって、航空需要が大きく低迷し、特に収入単価と収益性が高い、プレミアムクラスの旅客の利用が大きく落ち込んだことで、ＦＳＡの収支は大幅に悪化しました。

ところがＬＣＣは、不況の影響を受けながらも、低運賃を指向する旅客をＦＳＡから奪いとり、高収益を達成したのです。

つまり、不況がＬＣＣの拡大に拍車をかけたといえるのかもしれません。

〈2009年度 主要LCC・FSAの営業利益率（%）〉

FSA		LCC	
デルタ航空	▲1.2	サウスウエスト航空	2.5
アメリカン航空	▲5	ジェットブルー航空	8.5
ユナイテッド航空	▲1	ライアンエアー	13.5
ブリティッシュ・エアウェイズ	▲3.2	イージージェット	2.2
ルフトハンザ航空	1.2	エアアジア	14.1
エールフランス	▲6.1	ジェットスター	5.8
KLMオランダ航空	▲6.1		
シンガポール航空	0.4		
マレーシア航空	▲5.1		

（Air Transport World Jul 2010 データをもとに航空経営研究所作成）

みなさんにとって、この数字はどのように感じられるものでしょうか？　ＬＣＣに対する見方が変わったと同時に、ＦＳＡに対する見方も変わってきたのではないでしょうか？

By the way ①

『世界のLCCとその概観』

世界にはどんなLCCがあって、それらは航空会社全体の中で、どのくらいのポジションに位置しているのでしょうか？ ここでは世界の主要なLCC20社の、2008年実績）を確認していきましょう。

ＬＣＣの旅客数トップはサウスウエスト航空で、その数は１億人強、２位はライアンエアーで5,700万人、アジアではエアアジア（1,200万人）とジェットスター（1,000万人）が、他をリードしています。

この旅客数を航空会社全体の中でみると、ＬＣＣトップのサウスウエスト航空は、並み居るＦＳＡをおさえてNo.1に輝いています。

またライアンエアーもヨーロッパの航空会社の中ではトップの旅客数を誇っています。そのほか、イージージェットやゴル航空（ブラジル）なども、上位に食い込んできているのです。

LCCトップ20社の旅客キロおよび旅客数

LCC順位	総合順位	航空会社名	国籍	輸送旅客キロ（単位：百万キロ）	輸送旅客数（単位：百万人）
1	60	サウスウエスト航空	アメリカ	118.543	102.0
2	65	ライアンエアー	アイルランド	61.983	57.0
3	74	エア・ベルリン	ドイツ	44.315	28.6
4	81	イージージェット	イギリス	43.160	37.9
5	83	ジェットブルー航空	アメリカ	41.968	21.9
6	85	エアトラン航空	アメリカ	30.514	24.6
7	93	ゴル航空	ブラジル	25.307	19.6
8	100	ウエストジェット航空	カナダ	22.103	14.3
9	100	ヴァージン・ブルー	オーストラリア	19.887	17.7
10	101	ＴＵＩ航空	ドイツ	18.309	10.6
11	108	ジェットスター航空	オーストラリア	16.666	9.8
12	112	フロンティア航空	アメリカ	15.865	10.6
13	117	エアアジア	マレーシア	13.485	11.8
14	120	スピリット航空	アメリカ	10.623	6.9
15	121	キングフィッシャー航空	インド	9.557	10.7
16	128	ノルウェー・エアシャトル	ノルウェー	7.297	7.5
17	133	エア・アラビア	ＵＡＥ	7.115	3.6
18	137	ジャーマンウイングス	ドイツ	6.811	7.6
19	138	ブエリング航空	スペイン	6.007	6.3
20	139	セブパシフィック航空	フィリピン	5.710	6.7

（Ascend, Airline Business, ICAO, IATAの資料から作成）

第２章

超低コストの公式

1. ＬＣＣとＦＳＡのコスト差の実態

第1章で説明したとおり、ＬＣＣの超低コストは、「超低コストの公式」によって実現しています。それは、「少ない費用 ÷ 多い座席数 ⇒ 超低コスト」となっていましたね。

では、低価格の航空運賃を提供するＬＣＣは、ＦＳＡと比べて、どの程度コストを抑えているのでしょうか。その具体的な手法をみていく前に、航空会社のコストには何が含まれ、どうやって計算されるのかという点を知っておきましょう。

航空会社に生じる「費用」を考えたとき、多くの人は旅客機が使用する燃油費や、機体そのものの購入費や整備費、着陸料などの空港費といった、いわゆる「運航費用（変動費）」を思い浮かべることでしょう。

ほかにも、乗務員や空港職員など地上勤務者の人件費に、ＩＴ投資などの販売費、会社ビルの賃借料など、航空会社には多様な費用項目があります。これらすべての費用を合算して、「1便あたり、1席あたり」で考えると、いくらになるのか？　それが航空会社のコストの

〈 航空事業における主な費用項目 〉

費用項目	内容
燃油費	飛行によって消費する燃料代。 ５項目の中では最大の費用となる。
機材費・整備費	航空機の購入費（減価償却費）、リース料、 整備のための部品費など。
空港費	空港でかかる着陸料、 カウンターや搭乗橋等の施設設備利用料など。
人件費	パイロット、客室乗務員、地上勤務者など、 すべてのスタッフの人件費。
販売費その他	航空券販売や、機内サービス、ＩＴ関連、 その他間接業務等に係る費用。

考え方になるのです。

航空事業の費用項目については、ＬＣＣかＦＳＡかを問わず、また会社の規模によらず、おおよそ表の５項目に区分することができます。

物であるか、サービスであるかを問わず、生産者が消費者に対して、商品を低価格で提供するためには、その製造原価を抑える、つまり低コスト化を実現しなければなりません。

ＬＣＣではＦＳＡと比べて、徹底したコスト管理を行っています。

いまをときめくライアンエアーとエアアジアのＬＣＣ２社と、その直接的な競争相手である、ブリティッシュ・エアウェイズとマレーシア航空のＦＳＡ２社の、公表されている２００９年度のデータから、「１つの座席を１０００km運ぶ」としたときの費用を、この航空事業における主な費用項目別にモデル数値化してみました。まずはLCCとFSAの費用のかけ具合をみてみましょう。

これによると、LCCの1000座席kmあたりのコストが2900円であるのに対して、FSAは6400円と、倍以上のコストを必要としていることがわかります。

さらに、5つの費用項目それぞれについて、FSAを1とした場合に、LCCがどの程度の割合になるか、「FSAに対する比率」として付しました。いずれの費用項目についても、LCCの数字はFSAのそれを大きく下回っていることがわかるでしょう。「燃油費」と「機材費・整備費」、「空港費」の3項目は、FSAと比べて4~6割にすぎず、「人件費」と「販売費その他」にいたっては、FSAの3分の1以下に抑えられているのです。

総合的にみて、LCCはFSAの半分以下のコストで、乗客のための座席を用意しているということです。LCCの成功には、これくらいコストを抑えていることが必須条件になっています。

では、これほどまで大きなコスト差を、LCCはどうやって実現しているのでしょう?

その問題を解くのが、さきに説明した「低コストの公式（第1の公式）」である「少ない費用 ÷ 多い座席 ⇓ 超低コスト」なのです。

〈LCCとFSAの1,000kmあたりのコスト比較〉

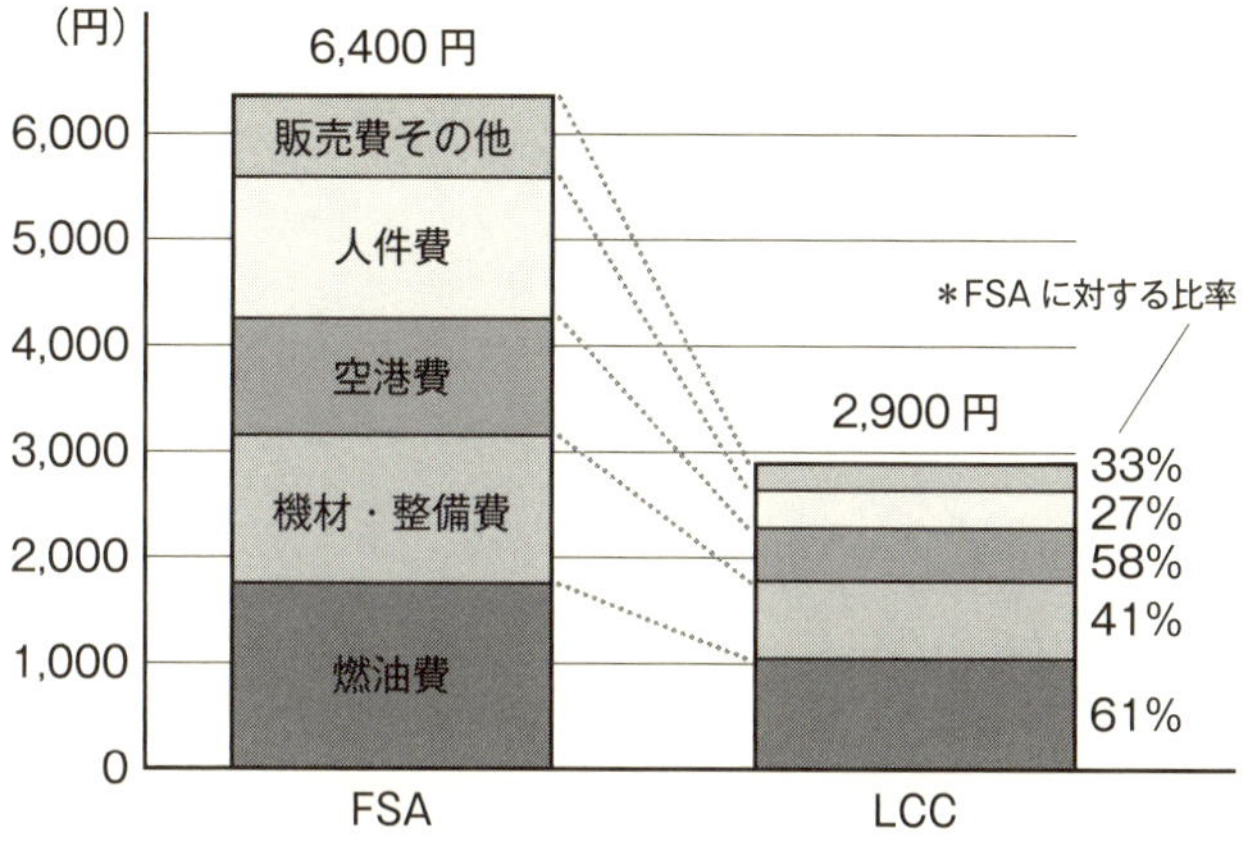

○低コストの公式
少ない費用 ÷ 多い座席数 ⇒ 超低コスト
（多い座席数 ＝ 多い機内席数 × 多い機材稼働時間）

2.「多い座席」のコスト効果

LCCのビジネスモデルでは、単に安い座席を用意すればよいというわけではなく、その超低コストの座席を、どれだけ多く用意できるか（旅客に対して提供できるか）ということが、重要となります。

では公式にもある「多い座席」が意味するもの

を説明していきましょう。

①機内の座席数を多くして1席あたりコストを低くする

ライアンエアーの主力機である737―800型機は、標準的な座席数がおおよそ170席といわれています。実際に日本航空や全日空は170席以下で使用しており、機内席数を多くしているスカイマークも177席で運用しています。

ところがライアンエアーでは、同機を設計上の最大乗客数となる、189席にして使用しているのです。これは標準的な航空会社の同型機の座席数と比べて、11%も多くなっています。同一の機種を使用しながら、それだけ多くの座席（商品）を運んでいるというわけです。一度に多くの座席を運べるということは、1席あたりでは、あらゆるコストをそのぶんだけ抑えることができるわけです。

②座席あたりコストの「安さ」という価値を徹底追求するLCC

あたりまえのことですが、同じ機種を用いて席数を増やすということは、「すし詰め」状態となり、乗客1人あたりに提供される面積は狭くなります。

〈LCCとFSAの座席配置の違い〉

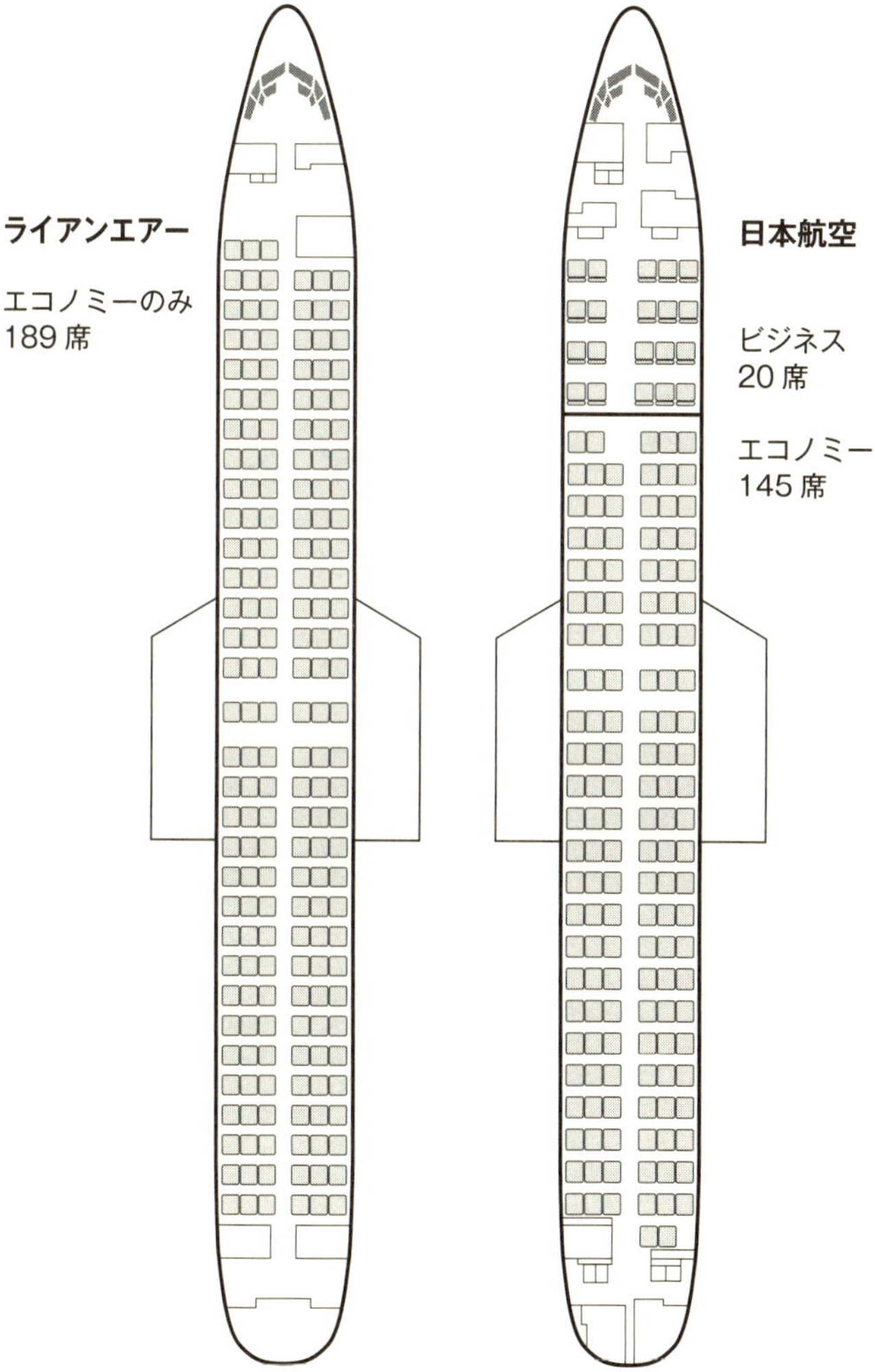

※ともに737-800（SEATMAESTROより）

したがって居住性は悪くなり、座席は狭く足元も窮屈で、足を組むことさえむずかしい場合もあります。角度の小さいリクライニングは安楽性に欠け、窓際に座ればトイレに立つのも不自由です。しかしそのぶんだけ「低運賃化」できる可能性が生まれるのです。

ライアンエアーのCEO、マイケル・オレアリー氏は、トイレの有料化、立ち席（中腰で腰掛ける座席）の導入による増席といったアイデアを出し続けています。そうすることで、1回に運べる席数を増やせば、それだけ1席あたりのコストは下がり、そのぶん低価格な航空運賃を提供することができるからです。

トイレの有料化については、あとで冗談だったと打ち消しましたが、オレアリー氏を知る人の中には、あながち冗談ともいえないと考える人も多いようです。

LCCは、安全性や定時性（時刻表どおりに運航すること）に支障のないかぎり、他のあらゆる価値を捨てることで、超低コスト化という絶対目標の達成を図っているのです。

ライアンエアーの有名なキャッチコピーに、こういうものがあります。

No we shouldn't give you a bloody cup of coffee.
We only charge 19 Euro for the ticket.

私たちは皆様にたった一杯のコーヒーもだしません。チケットを19ユーロで売るだけです。

3．低コストの原点は機材の選択にある

成功しているＬＣＣの多くは、小型のジェット機であるボーイング社の７３７シリーズ、またはほぼ同サイズの機体である、エアバス社のＡ３２０ファミリーを主力機としています。それはいったいなぜなのでしょう。

理由を説明する前に、まずは多くのＬＣＣが採用している７３７と、ＦＳＡで広く活躍している中型のジェット機、７６７の機体概要を比較してみましょう。67ページの表は、７３７と７６７の機体を比べたものです。

写真と数字をみると、その大きさの違いがよくわかるはずです。７６７―３００型はサイズにして、７３７―８００型の約1.4倍のサイズであり、座席数についても、同じ程度の違いがあります。

一見すると、１回のフライトで運べる人数が多い７６７のほうが、有利なようにもみえま

す。しかし、LCCであるならば、767は絶対に選ばないのです。その理由を明確にするために、LCCが選択する旅客機機材のポイントを説明していきましょう。

①座席あたりの価格が割安な機材であること

旅客機の機体価格は、主に機体とエンジンのサイズによって決まります。大型の長距離機は、大きな機体に見合った、強力なエンジンが必要なため、価格は高くなります。

一方、小型の短距離機は機体が小さく、エンジンもそれに見合うコンパクトなものですみます。そのぶんだけ価格は割安となり、座席あたりのコストも低下するため、経済性が高いのです。

ちなみに、737—800型の公示価格は8080万ドルで、767—300型はその倍以上の1億6430万ドルです。機内座席を最大数とした場合の、1座席あたりの公示価格は、737—800型が43万ドル、767—300型では57万ドルと大幅な差になります。

現在使用されている旅客機のなかで、機体の価格に比して、多くの席数を確保しやすいとされるのが、737シリーズとA320ファミリーなのです。

世界最大のLCCであるサウスウエスト航空は、500機を超す保有機のすべてで737

〈 737 と 767 の比較 〉

機種	737-800 型	767-300 型
全長	39.5m	54.9m
全幅	35.8m	47.6m
最大離陸重量	71 トン	182 トン
航続距離	約 6,000km	約 10,000km
エンジン離陸推力※	約 12 トン	約 27 トン
座席数	162 ～ 189 席	210 ～ 290 席
機体価格	8,080 万ドル	1 億 6,430 万ドル

※エンジン離陸推力は、エンジン１機あたりの数値
（「数字で見る航空 2010」およびボーイング社 HP をもとに航空経営研究所作成）

奥にあるのが 767、手前が 737。大きさの違いがよくわかる。

シリーズを採用しています。また、ライアンエアーも同様に、737シリーズのみを200機以上も所有しています。

イージージェット（イギリス）や、ジェットブルー航空（アメリカ）、エアアジアといった大手LCCでは、A320ファミリーを採用しています。

②座席あたりの燃油消費量を少なくできる機材であること

さきほども説明したとおり、燃油費は航空会社にとって、最大の負担費用となります。この燃油費をどのようにして抑えるかが、航空会社のコストダウン戦略に大きな影響を与えるといってもよいでしょう。

767—300型のエンジン1基あたりの離陸推力は、約27トンにもなります。それに対して、737—800型の離陸推力は約12トンにとどまります。767—300型と比べると、半分以下ということになりますが、その機体サイズや重量を考えれば、その程度の力で十分なのです。

そして、この推力の差は燃費にも大きく影響するのです。実際に、737—800型の座席あたり燃油消費量は、大型・長距離機の767—300型に比べて、2割程度少ないと試

〈 主要LCCにおける737シリーズおよびA320ファミリーの保有数 〉

	737シリーズ	A320ファミリー
サウスウエスト航空	559機	－
ジェットブルー航空	－	119機
ライアンエアー	272機	－
イージージェット	－	183機
エアアジア	－	90機

※CAPA（Centre for Aviation）調べ：2011年8月現在

算されます。ここで節減できる燃油消費量が、コストに大きく反映されます。

③ 高い搭乗率を得やすい座席規模をもった機材であること

　737シリーズとA320ファミリーの座席数は、おおよそ200席を切る程度となっています。300席近く座席がある767―300型などと比べると、座席数はたしかに少ないのですが、反面、すべての座席を旅客で満たしやすい機体、つまり高い搭乗率を実現しやすい規模の機体といえます。このことは、採算をとりやすいという意味を持ちます。

　仮に、それより座席の少ない、さらに小型の機材だった場合、パイロットの人件費（いずれにせよ2名分必要）や発着にかかる費用などが割高となってしまい、かえって採算がとりにくくなってしまいます。

飛行1〜4時間の路線を前提としたとき、大きすぎず、小さすぎない、そのバランスを兼ね備えた機体が重要ということです。


資金調達力があるLCCでは、このような機材を購入する際に、まとまった機数を一括して発注することで、大幅な値引きをメーカーから獲得し、1機あたりの価格を抑えるといったことをしているといわれています。

しかも、低価格で購入した機材を、短期間使用後に転売することで（取得原価を抑えて購入し、残価値が高いうちに売却することで）、実質的な機材費をセーブしているという事例もあるのです。

いずれにせよ、LCCは自身の個性を最大限活かすことができる機材を選んでいるということです。

なお、機材の選択が収益性に影響する1つの事例として、日本のスカイマーク（旧スカイマークエアラインズ）を取り上げてみましょう。

スカイマークは、１９９８年9月に７６７―３００型を主力機として就航させました。

しかし、開業当初から売上げは伸び悩み、不振を極めました。

現在の西久保社長の体制になって、機材を新造機の７３７―８００型に転換し、需要の大きい路線（羽田発着の札幌、福岡、大阪、那覇線）を中心とした展開を進めたことによって、ようやく安定的黒字体質を確立しています。

この赤字体質から黒字体質への変化には、機材の転換が大きく寄与しています。

それは、国内線で低価格戦略を進めるには、７６７―３００型は７３７―８００型に比べて、座席あたりの燃料費、着陸料、機材費（リース料）など、低運賃のベースとすべきコストがあまりにも割高であったためです。また２８０席程度の座席数も、需要の多くない路線では高い搭乗率を得るには大きすぎたといえるでしょう。

そもそも、この７６７を選択したのは、将来の長距離国際線への進出を想定していたものでしょうが、需要の少ないローカル線を含む国内線を運航して、安定利益を上げようとしたことに無理があったと考えざるを得ません。

4. 徹底した選択と集中を行う

ＬＣＣの経営原則は、「ＫＩＳＳ」という言葉に集約されています。

Keep It Short and Simple.
全てを短く単純に

この「ＫＩＳＳ」とは、「格安航空の仕掛け人」ともいわれ、エアアジアはじめ多くのＬＣＣの創業にかかわったコナー・マカーシー氏が、ＬＣＣの経営原則を端的に表現した言葉です。

ＬＣＣはその経営戦略から、方針、手法すべてにおいて「徹底した選択と集中」を行っています。その内容について、説明していきましょう。

① 事業を特化する

さきほど説明したとおり、ＬＣＣでは機材として737シリーズ、またはＡ320ファミリーというような、小型の短距離機だけを選択しています。これは裏を返せば、事業として「1〜4時間程度の飛行時間の路線（短距離路線）に特化し、それ以上の飛行時間を必要とするマーケット（長距離路線）は、初めから切り捨てている」ということです。

その理由は以下のとおりです。

(1) このマーケットは総じて航空旅客需要が多く、新規参入の余地が大きい領域となっています。それは世界的にみても、このクラスにマッチする小型の短距離機が、抜きん出て多く運航されていることからもみてとれます。

(2) 他の交通手段（鉄道、船、車など）を利用する旅客が多く、超低価格を武器にしてそのマーケットに切りこむことで、旅客を奪いとることも可能です。

実際に、アイルランドと英国を結ぶフェリーに対抗して起業したライアンエアーや、周囲に点在する島から、マレーシアの大都市と行きかう所得の低い人たちの飛行機利用を可能としたエアアジアが、その代表格といえるでしょう（これについては第3章で説明します）。

超低価格運賃は、まったく新規の旅行需要の掘り起こし（所得の低い年金生活者や学生など）や、旅行の頻度を増やせる可能性も大きいといえます。

(3) 短距離路線は、その日に折り返してベースとなる本拠地に戻ることができます。機材は本拠地で集中的に整備できます。

パイロットや客室乗務員も、本拠地以外に滞在する必要がないため、目的地で宿泊費や交通費が発生しません。さらに乗務スケジュールについても組みやすく、高い人的稼働率を設定することが可能となります。これにより、パイロットや客室乗務員の勤務効率も高いレベルを維持できるのです。

② すべての面で単一化と単純化を図る

これも説明しましたが、ＬＣＣは機材を単一機種に絞りこみ、客室内の仕様も統一することにより、各業務を単純化し、コスト効率を高めており、それによる超低コスト化を可能としています。

ご存じない方もいるかもしれませんが、旅客機のパイロットのライセンス（免許）は、１機種ごとに必要となります。たとえばボーイング社の７４７のライセンスをもっているからといって、７３７を操縦することはできないのです。

つまり、数多くの機種をもつＦＳＡでは、それぞれの機種のライセンスをもったパイロットを抱えなければなりません。しかし単一化を図っているＬＣＣでは、どのパイロットも、自社の旅客機すべてを操縦できるわけです。

このアドバンテージは、機材の整備にもあてはまります。数多くの種類の機体を整備するよりも、単一の機体を整備するほうが、習熟が早く、ミスの防止にも効果があるはずです。

これらを含め、単一化と単純化のメリットをあげてみましょう。

(1) すべての便の取り扱い方法が同じであることから、あらゆる面で作業効率が高く、少人数で業務をこなすことができます。

(2) 運航乗務員、整備員はじめ、スタッフの育成、教育、習熟が容易であり、人的効率を高めることができます。

(3) 予備機材、予備部品、フライトシミュレーターなどの訓練機器等、直接お金を生まない資産を極小化できます。

(4) 機材のやりくりが容易で、定時性の確保やイレギュラーへの対応をスムーズにできます。

このように、すべての面で単一化と単純化が図られていることが、ＬＣＣの強みといえるのです。

5．機材の稼働率を高めることがコストに与える影響

「超低コスト ＝ 少ない費用 ÷ 多い座席」という公式の中で、「多い座席」がコスト低下に果たす役割についいては、すでに説明しましたが、この「多い座席」は機内座席の多さだけで決まるものではありません。あくまで「多い機内座席 × 多い機材稼動時間」によって、提供できる座席数（商品）を多くするのです。

すなわち、１機の機内席数を多くするだけでなく、１機が1日に飛ぶフライト回数そのものを多くすることで、提供できる座席数を最大にするという意味なのです。

そのためには、「多くの座席数をもつ機材」の、「稼働率」を高めなければなりません。

ＬＣＣの多くが、機材を早朝から深夜まで飛ばし、そして、便の到着から次の出発までの時間（折り返しで飛び立つまでの時間）を可能なかぎり短く（多くは20～25分）しているのは、そのためなのです。

折り返し時間を短くして、機材稼働率を高めるために、各社でさまざまな方策がとられていますが、主なものをあげてみましょう。

①機内清掃時間の短縮

ＦＳＡの場合、機体が空港に到着すると、待機している清掃員が乗りこんで、機内をすみずみまで丁寧に清掃します。しかしＬＣＣでは、この機内清掃を客室乗務員の仕事とすることで、清掃員の人件費を減らしているのが普通です。そのため、あらかじめゴミが少なくなるように、乗客へ配布するものなどはなくすなど、乗客からの協力も得やすいよう工夫しています。

２００４年にライアンエアーは、座席のポケットと、リクライニングの機能を取り払いました。これによって清掃等の時間が短縮されたばかりでなく、費用も大幅に削減されました。多くの航空会社が、座席を革張りにして高級感をだす裏には、手早く拭きとることで清掃をすませることができ、時間や費用を削減できるという意図が隠されているのです。

②機体整備時間の短縮

機体が空港に到着後、地上整備員が行う整備作業についても、ＬＣＣとＦＳＡではかなり違っています。ＬＣＣの場合、航空機が到着するや否や、整備員が航空機に向かって走りだし、手際よく確実に整備を行っていきます。その光景は、さながらF1レースのピットインのようです。このようなことができるのは、単一の機材を使用しているからでもあります。手慣れた機材であれば、整備の際にほかの機材と混同するようなミスが防げます。

たとえば、サウスウエスト航空は創業時に、「10分間ターン」をやってのけました。これは航空業界のなかでは伝説となっています。さすがにいまは空港混雑などさまざまな要因があるので無理ですが、それでも地上での作業時間は15~20分にすぎません。全米のエアライン平均は約45分ですので、大幅な時間短縮を実践しています。仮に飛行時間55分のフライトでは、サウスウエスト航空が3往復半する間に、他のエアラインでは2往復半しかできないのです。

多種の機材をもつFSAでは、これほどの整備時間の短縮はむずかしいでしょう。

③ 出発準備時間の短縮

LCCでは、機内のさまざまなサービスが省略され、また積みこみの荷物には高い料金を課しています。当然、サービスのために積みこむ資材は少なくてすみますし、荷物も自粛されて少なくなるので、出発までの時間も短縮できるというわけです。

④乗客の搭乗時間の短縮

通常、飛行機の場合、「○列の×番」といったように、座席が指定されています。

しかしＬＣＣは、基本的には座席を指定しない「自由席」としています。そもそも、搭乗する人数が定員を超えなければ問題ないのですから、早い者順で好きな座席を選んで座ってもらえばよく、逆にそうすることで、自分の座席を探す手間が省けますから、着座も早くなります。

これも乗客の搭乗時間を短縮し、効率を上げるテクニックなのです。

こうして、空港に駐機している時間を減らすことで、劇的にコストが変化するという例をお教えしましょう。マレーシアに本拠地を置くＦＳＡのマレーシア航空の平均機材稼働時間は、１日あたり約10・7時間ですが、ＬＣＣのエアアジアの平均機材稼働時間は、１日あたり約12時間となっています。これだけでも、機材費などの１席あたりコストに、10％近くの差がでることになります。

このようにして、「多い座席」を生産することで、機材費や間接業務に関係する費用など固定的に発生する費用を低減させ、１席あたりのコストを最少として、利益を稼ぐのがＬＣ

Cのスタイルなのです。

6. 費用項目別にコスト差を概観する

ここまで機材選択や、多い機内座席数、高い稼働時間などについて述べてきましたが、もちろん、あらゆる費用の徹底的な削減が前提となっています。

航空事業における費用項目については、本章の始めに説明しましたが、LCCがFSAと比べてコストが低くなっている理由を、費用項目別に概観すれば、以下のとおりとなります。

① 燃油費

LCCは、燃油効率の高い機材に特化しており、多くは新鋭の低燃費機を使用しています。機内の座席数が多いこととあいまって、座席あたりの燃油費が極限にまで抑えられています。

それだけでなく、機内食は原則として事前予約とし、不必要なぶんまで搭載することを避けるとともに、食器も含めてコンパクトで軽くしています。機内装備も、フットレストをつけない、シートポケットをなくすなど、重量を軽くする方策がとられています。オーディオや映画等の機内インフライト・エンターテイメント（ＩＦＥ）を設けていないのも、装置やケーブル等の重量負担を軽くするためです。

こういった搭載品の重量を軽量化することにより、燃油費はさらにセーブすることができます。たとえば上海 ― 成田間の路線で、機内に搭載するトレーなどのサービス品を１００ｇ軽くすれば、燃料消費量は約12ｇ節約できます。

これはＬＣＣが、預かる荷物の重量を厳しく制限し、高い料金を徴収している理由の一つでもあるのです。

さらに、多くの会社で燃油価格のヘッジを行っており、その効果の差もコストに影響しています。エアアジアは、燃油を前払いで安いときに購入することで、燃油高騰の影響を少なくすると発表しています。

② 機材費および整備費

資金力のあるＬＣＣは、単一機種の機材を一括して発注することによって、機材の購入価格で大幅な割引を受けることがあります。また長期にわたって同機種を多く購入することも、有利な契約につながります。2002年にイージージェットが、A320ファミリーであるA319を120機購入したときは、メーカーが正規の5割引の見積もりをだしたという話があるほどです。

そもそも、737シリーズやA320ファミリーは、ともに販売の息の長いベストセラー機種です。販売価格は割安で、整備などの取り扱いも容易であるというメリットがあります。新造機の場合、一般的には整備費が少なくてすみます。多くの手間や部品代がかかる重整備が少ないからです。そのため、新造機が多いLCCの整備費は、旧型機が多いFSAの4分の1程度となっています。

またLCCの場合、単一機種を選択する（多種類の旅客機をもたない）ことも、部品の管理のためのコストや、整備のための教育等にかかる費用が最低限ですみますので、整備費が抑えられる要因となります。

③ 空港費

着陸料やボーディングブリッジ等の利用料など、空港から受けるサービスの料金は、基本的にはどの航空会社にとっても同じですが、受けるサービスの内容を変えたり、使う空港そのものを別にしたりすれば、当然その費用は変動します。

ＬＣＣの多くは、施設設備が整い混雑している大空港（使用料金が高い）を避け、多少不便でも、簡素な設備で、空港側と価格交渉もできる第２、第３のサブ空港を使うことによって、この費用を抑えこんでいます。

たとえば日本の場合、茨城空港乗り入れのための空港費用は、成田や羽田（７３７クラスで推定1便あたり25万～30万円程度）と比べて、６～７割方安くなると推測されます。

実際に、乗り入れ会社の少ないサブ空港側も、空港活性化のために空港使用料を値下げしたり、さまざまな便宜を図ったりするなど、航空会社の乗り入れ誘致を積極的に行っています。空港内でも、高い使用料のかかるボーディングブリッジ（ターミナルから直接、飛行機に乗りこめる可動式通路）を使わず、駐機スポットに沖止めした飛行機まで、旅客にバスまたは徒歩で移動してもらい、タラップを利用して搭乗してもらうなどの節約もしています。

多少不便でも、それが低運賃の前提だと考えれば旅客からの不満はほとんどありません。また到着、出発作業を同じ平面上で行えるならば、会社側の人員も少なくできます。

さらに、空港によっては駐機スポットから、飛行機が自力で（自走して）誘導路にむかえる形態がとれる場合があります（通常は駐機スポットから押しだすため、地上機器と作業員が必要になる)。これも低コスト化につながります。

そして第2、第3の空港を使うのは、費用以外にも大きなメリットがあります。離発着便が輻輳《ふくそう》していないため、離着陸を待たされることもなく、定時性を確保しやすいということです。これは、機材稼働を高めることにつながります。

④ 人件費

LCCとFSAのコスト差では、人件費が際立っています。燃油費、整備費、空港費のような制約がなく、会社の意思を反映しやすい費用だからです。

ライアンエアーやエアアジアの平均人件費をみると、ブリティッシュ・エアウェイズやマレーシア航空より2~3割低いレベルにあります。ただしこれは、単純にスタッフの賃金が安いとはかぎりません。メリハリをつけているというのが適切でしょう。特にパイロットには、どのLCCも相応の高い賃金を払っているようです。

一例をあげてみましょう。春秋航空では、経営陣や幹部の給料を市場相場の半分程度に抑える一方で、機長には会長の4倍以上を払い、中国の大手航空会社を上回るといわれています。サウスウエスト航空は、アメリカのほかの大手航空会社と比較して割高の水準にしてお

〈航空会社の定時制動向率（%）〉

LCC		FSA	
航空会社名	定時到着率	航空会社名	定時到着率
サウスウエスト航空	82.47	コンチネンタル航空	77.91
ジェットブルー航空	77.20	デルタ航空	77.84
ライアンエアー	88.00	ノースウエスト航空	79.61
エア釜山	90.40	ルフトハンザドイツ航空	83.21
チェジュ航空	96.80	ブリティッシュ・エアウェイズ	78.79
エアアジア※	80.00	日本航空	90.95
セブ・パシフィック航空※	85.20	全日本空輸	90.37

※エアアジアと、セブ・パシフィック航空は2010年12月単月の数値

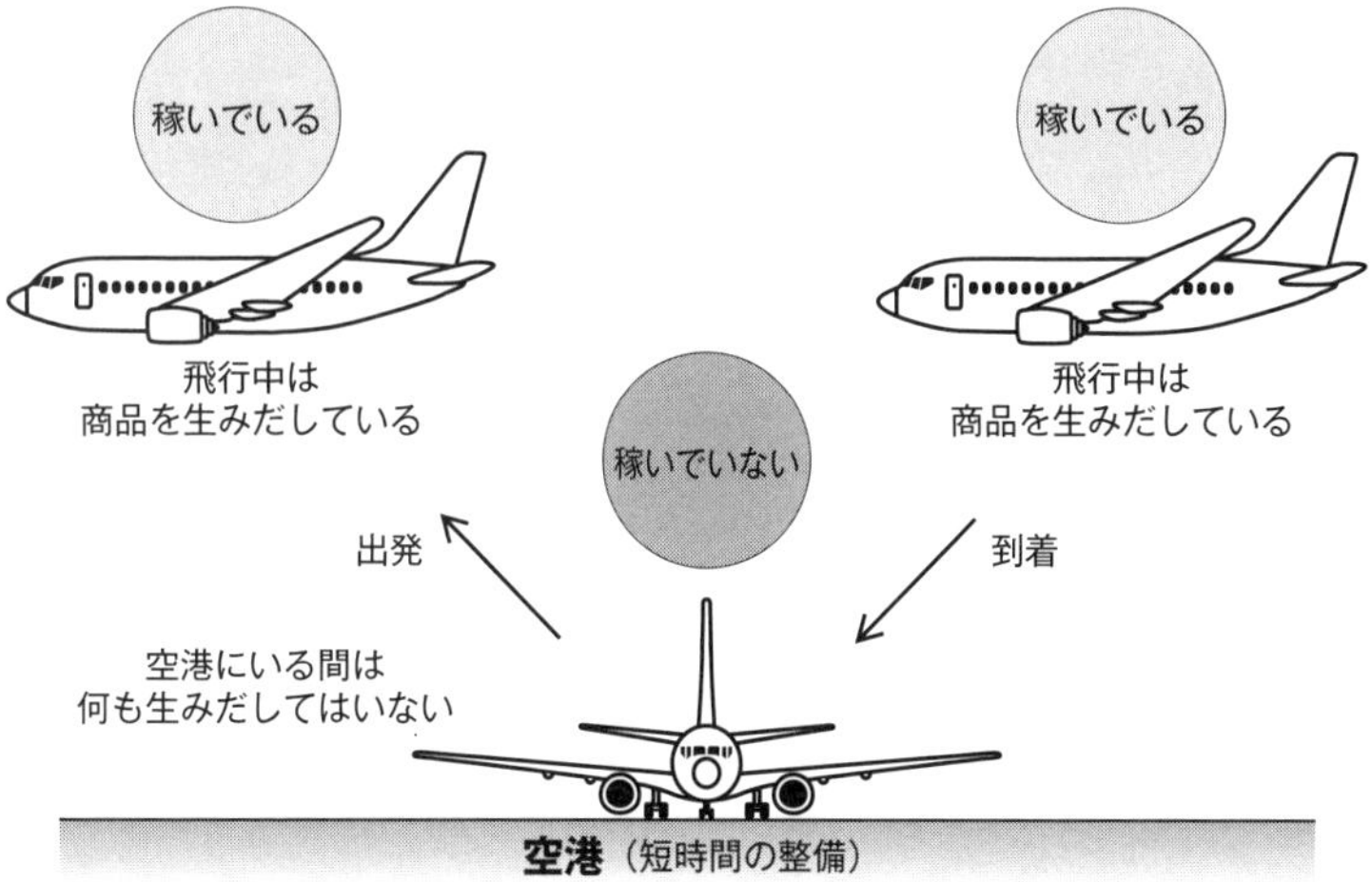

り、エアアジアXのCEO、アズラン・オスマンラニ氏はインタビューに答えて、「うちのパイロットの給与は業界水準より上だ」と述べています。

また、パイロットの採用の際は、必要な資格を保有している経験者を採用するか、パイロット専門の派遣会社を通した派遣契約を結ぶことが主であり、必要な資格と経験をもった即戦力となる人材を確保することで、乗務員を育成する時間と費用の削減をしているのです。

しかしLCCにおいて、給与レベルの差よりもはるかに大きいのは生産性（人的効率）の差です。

ライアンエアーやエアアジアといったLCCでは、パイロットや客室乗務員、整備士など、機材運航にかかわる人間は、1機あたり30〜50人であるのに対して、FSAの英国航空やマレーシア航空は、1機を100人以上で支えている計算になります。

この差は、個人の労働意欲やがんばりの差というより、ビジネスモデルの差というべきでしょう。すなわち、大型機や長距離路線をもたず、人的サービスは極限までそぎ落とし、旅客自身でできることは、極力サービスとしては提供せず、単一の機種・客室仕様で、単純化した作業を能率よくこなすことに特化したからこそ可能になったものといえます。

1人の従業員が何役もこなす「多機能化」が進んでいるのもLCCの特徴で、それによっ

〈１機を支えるスタッフの人数〉

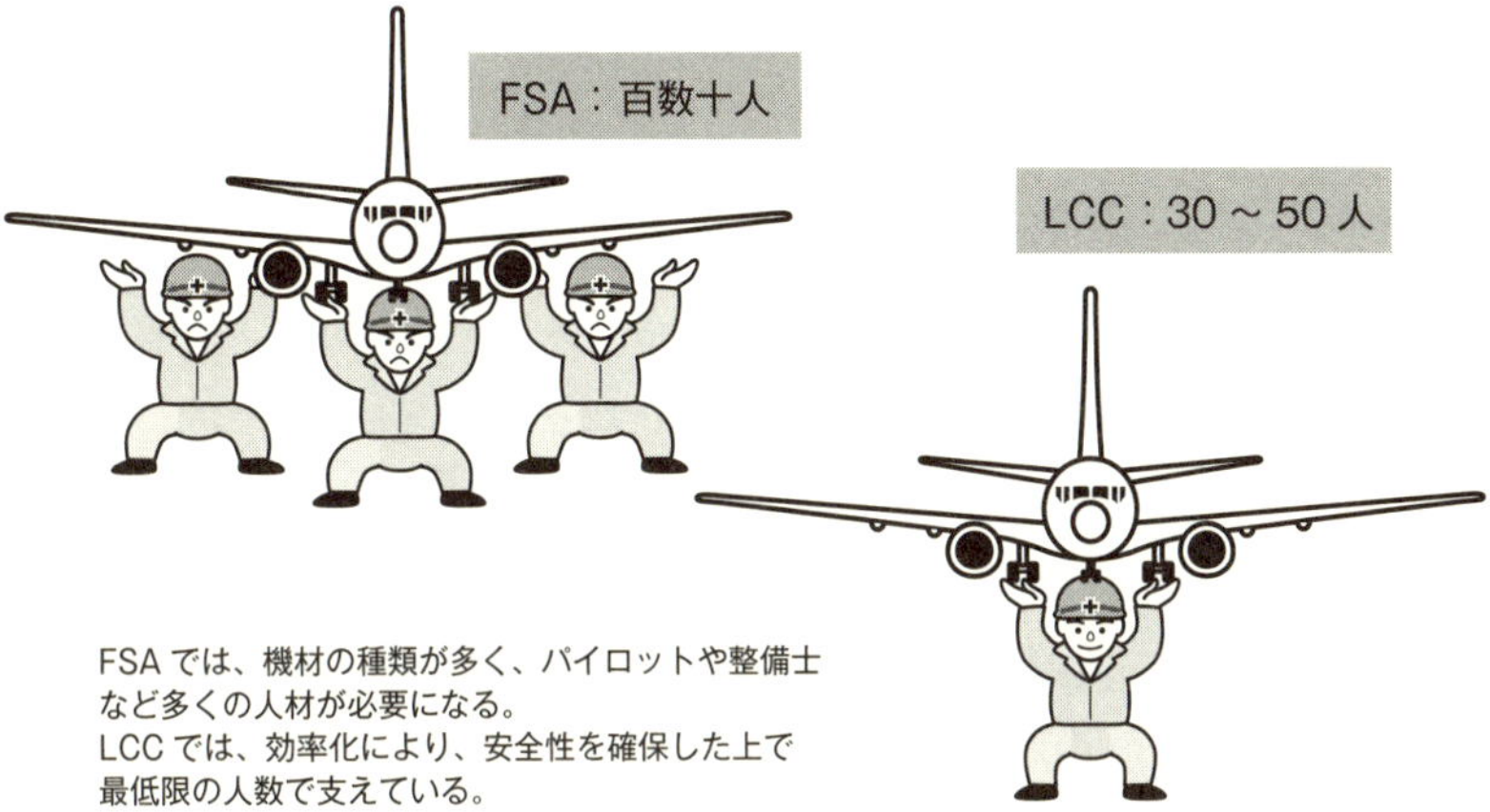

FSAでは、機材の種類が多く、パイロットや整備士など多くの人材が必要になる。
LCCでは、効率化により、安全性を確保した上で最低限の人数で支えている。

て人員や人件費が抑制されているということです。

また、「ＩＴの利用により人件費を減らす」という人件費削減を打ちだして成功したジェットブルー航空は、パイロットへパソコンの貸与まで行いました。フライトのたびに、数百ページにも及ぶマニュアルを１～２分でダウンロードすることが可能になりました。

これにより１万時間ぶんの人件費削減が実現したといいます。

⑤販売費その他

これもＬＣＣとＦＳＡのコスト差が大きい費用となっています。

ＬＣＣでは販売についても、サービスをそぎ落として、コストを削減しています。主にインターネット直販によって、販売手数料等の流通コストがかからない業務スキームになっていることが、コストに影響しているのです。

ライアンエアーやイージージェットは、予約のほぼすべてがインターネットを経由してのものです。そのネット予約システム自体も、FSAが使っているような、複雑な乗り継ぎや運賃計算などは不要なわけですから、自社専用のシンプルなものを利用することで、コストダウンを図っているのです。

またジェットブルー航空では、インターネットを利用したオンライン予約システムを開発し、在宅のオペレーターが電話予約を受け付けるという、仮想コールセンター方法を採用しました（オペレーターの多くは主婦で、自宅にいるままで予約業務にあたっています）。

通常、航空会社が旅行代理店を通して搭乗券を販売すると、チケット1枚あたり14ドルのコストがかかっていたのですが、この仮想コールセンター方式を導入したことで、1旅客あたり4ドル50セントという大幅なコストダウンを行いました。もちろん、50セントのコストしかかからない、インターネット予約にも十分に力を入れています。

春秋航空も、中国におけるネット販売比率が70％と群を抜いて高く、競合他社（ネット販売比率が平均して10％程度）と、販売費で差をつけているのです。

航空会社を経営していくうえで、多くの商品を抱え、多彩なサービスを提供しようとすれば、業務がそれだけ複雑になります。そのために、従業員数を増やして対応したとすれば、今度は間接的な業務の量（本社費など）がふくらんでしまいます。

しかし、単純化されたＬＣＣのビジネスモデルでは、業務自体がスリム化されています。それゆえ、必然的に間接部門もスリムになっているのです。

また、多くの航空会社が莫大な費用を投じている広告費についても、ＬＣＣではほとんどお金をかけません。ＬＣＣがつぎつぎと繰りだす激安キャンペーン運賃は、人々の間に口コミでひろがります。そしてほどなく、インターネットの波に乗って、世界中へとひろがっていきます。これが、強烈な宣伝効果を生みだしてくれるのです。

さらに、めざましい発展を遂げるＬＣＣには、強いリーダーシップをもち、広告塔となる経営者がいます。「空の旅のショー」を演出するサウスウエスト航空ＣＥＯのハーブ・ケレハー氏や、過激な発言で世間を騒がす、ライアンエアーＣＥＯのマイケル・オレアリー氏、「市場が先生」として、安さを打ちだす、春秋航空会長の王正華氏などがその代表格といえるでしょう。

なかでも、エアアジアCEOのトニー・フェルナンデス氏は、メディアの動かし方に長《た》けており、記事が欲しい記者に、いつも餌を用意しているといわれています。彼らの発言や一挙一動そのものが、大きな宣伝効果を生んでいます。

ときには大きな事件をも利用する、型破りな宣伝をすることさえあります。SARS騒動で、東南アジアを中心に旅行需要が落ち込んで、航空不況に陥った際に、他社が軒並み広告宣伝費を削減するなかで、エアアジアだけは逆に広告費を増額しブランド認知を図ったということがありました。これにより、エアアジアはブランディングを成功させ、顧客を獲得したといわれています。

またバリ島で爆弾テロ事件が発生したときには、エアアジアが1万席を無料で提供したことが話題となりました。不安感から旅行客の足が遠のくなか、無料の座席でバリを訪れた旅行客が、その安全性を口コミでひろげたことが、旅行需要の復調につながりました。このことでエアアジアは、バリ州政府から表彰されています。

話題性が宣伝広告費にかわっている事例は、奇抜な機内サービスが話題となるサウスウエスト航空や、飛行前の安全ガイダンスを踊りながら行って、各国メディアやインターネットでも取り上げられたフィリピンのセブ・パシフィック航空など、あげればきりがありません。

それ以外にも、コスト削減に対する意識を感じさせることはたくさんあります。

ＬＣＣの各事務所は、本社も含めて安い賃料の場所に設置されていることが多く、職場においても、ＦＡＸのカバーレター（送り状）を廃止したり、鉛筆やボールペンがすべて社員の自己負担になっていたりといったことが、あたりまえになっています。

冗談のような話ですが、社外セミナーなどのイベントに参加した社員に、そこにおいてある鉛筆を持ち帰らせているＬＣＣもあるといいます。

実際に、春秋航空は、古いホテルをそのまま本社事務所として使っています。またエアアジアは、バンコクで世界中のバックパッカー（低予算旅行者）が集まる低賃料の安宿街にセールスオフィスを設けています。

さらにエアアジアでは、仕事用のノートパソコンや携帯電話は自己負担となっているほか、小さな組織の会議に議題（アジェンダ）は要らないとして、会議時間や資料作成のコストをも切り詰めているほどなのです。

このように、トップがコストカットに対して強い意識をもっていることが、全スタッフに「コストカット信仰」がゆきわたる鍵となっているのです。

7．ＬＣＣのコスト構造上の事業リスク

ここまで、ＬＣＣの徹底したコスト削減法をみてきましたが、飛ぶ鳥を落とす勢いのＬＣＣであっても、そのコスト構造ゆえのリスクがないわけではありません。その点についても、みていきましょう。

①燃油価格高騰の影響を受けやすい

ＬＣＣでは、燃油以外のあらゆるコストを大幅にスリム化している結果、総コストに占める燃油費の割合が高くなっています。

そのため、一度燃油費が高騰すると、たとえヘッジにより多少はならされたとしても、収益性への影響は多大です。サーチャージ（燃料価格に追随して運賃とは別料金として上乗せし徴収する追加料金）などによる運賃への転嫁も必要となるでしょう。そうなればＬＣＣの魅力は減少してしまいます。

とはいっても、燃油価格の高騰は、ＦＳＡも同様に影響を受けることになります。当然、ＦＳＡも燃油サーチャージ等で値上げすることになるでしょう。

また燃油高騰は、顧客である企業の業績の悪化や、消費者の購買力低下をもたらすことが多く、その場合、高い運賃のＦＳＡから相対的に安い運賃のＬＣＣへの旅客シフトが起きます。そしてシフトした顧客が常連化していくこともあります。

すなわち、燃油費増のインパクトを受けて収益性は悪化しても、強力なＬＣＣならば、ＦＳＡから旅客を奪って、かえって成長を続けられる契機ともなり得るでしょう。

②単一機種であることのリスクがある

単一機種による事業は、その機種に欠陥が発見され、運航停止や運航上の制約が発生したり、機体の大改造にいたれば、甚大な影響を被ることになります。

２０１１年4月にサウスウエスト航空で発生した、飛行中の機体天井のひび割れの発生は、まさにそれに該当するものでした。

ところが同社は、ただちに事故機と同型の７３７—３００型機79機（全保有機の約15％）を自主的に運航停止して、緊急点検を実施したのです。これにより、不具合がある4機を発見し、メーカーのボーイング社に同型機の予防的措置を提案しました。

こうした安全に対する積極的な取り組みは、旅客から高く評価されました。数日後、サウスウエスト航空が平常運航に戻ったときには、旅客の信頼も取り戻していました。

LCCの主力機種である737シリーズとA320ファミリーに、このとき以上の大規模な運航上の障害は発生していませんが、今後も絶対にないとはいいきれません。こういったときにものをいうのは、自己資本力や手元にある資金の余裕です。勢いにまかせて規模拡大や成長を目指すだけではなく、常にゆとりある財務体質を保持していることが、安定的に繁栄するLCCの条件といえるでしょう。

8. 超低コストの公式から学ぶコスト削減法

本章の冒頭で説明したとおり、航空事業でLCCは、あらゆる費用項目で、FSAを大きく下回っていました。

そして、航空会社に限らず、どの業界でもLCCスタイルから得られる超低コスト化のヒントは多いと考えられます。

すなわち、事業目的に最適の生産手段を選び、その稼働を高く維持し、少ない人数で多くの業務を正確にこなし、あらゆる費用を削減することによって、商品あたりのコストを、競合企業（コンペティター）や類似する業態の企業と比べて、大幅に下げていくことが可能となります。

なかでも「人件費の効率」は、企業の競争力格差に大きく影響します。

それは給与単価を低く抑えることがすべてではなく、１人で多くの業務量をこなし、しかも進んでそれを行うようにするというモラール面も大きく作用することがポイントです。

ここでは、実例に照らしあわせながら、超低コスト化のヒントをみていきましょう。

①　事業に適合した生産手段

収益性の高いＬＣＣは、まず機種を７３７シリーズかＡ３２０ファミリーに絞りこむことで、低コストの基盤を築きました。

このように、生産施設設備やそれを運営する基本スキームは、生みだす商品の価値を明確に絞りこんだうえで、それに最適なものを選択することが第一歩です。そしてその施設設備の使い方のフローを最も効率的につくることがポイントなのです。これらに不都合があると、業務全体にわたって無駄な費用が発生します。

航空業界以外でも行われている、同様の事例をみてみましょう。

外食チェーン大手のサイゼリヤでは、使用する食材を本部の加工センターで集中加工し、各店舗に届けるというシステムを採用しています。店の厨房には包丁もフライパンもいらない（トマトとレモンは例外ですが）というくらいの徹底ぶりで、店ではＩＨヒーターを使って、アルバイトでも1人で調理することができます。

またその食材などの配送ルートに、荷物の積み替え中継地を設けることで、トラックの積載と運行の効率を高め、売上高に対する物流費の比率を引き下げました。

このように、低コストの基幹となる仕組みを構築することで大幅なコストダウンを実現し、業績を伸ばしてきたのです。

ファストフード最大手の日本マクドナルドでは、以前は顧客がやってくる前に、一定時間のうちに販売されるであろう商品を、あらかじめ製造し（つくりおきする）販売することで、製品の提供スピードをあげることを主眼としていました。これを転じて、「メイドフォーユー」というハンバーガー製造システムを導入し、それまでの作りおきから、注文を受けてからの製造に切り替えました。この大きな方針転換によって、「できたての商品を提供できるようになった」とともに、それまで年間数十億円にもなっていた、商品の廃棄ロスをも減らすことに成功しました。

プライベートブランドを製造から小売りまで一貫して行っているニトリでは、人件費の安いベトナム等で商品の生産を行い、中国で店別に仕分けをすませてから、日本へと運んでいます。しかも、生産から販売まで一切の情報を把握・管理して、流通をはじめとしたあらゆるコストを合理化できるしくみをつくりあげています。こうして価格競争で圧倒的に優位なポジションを確立したのです。

このほかにも、ＬＣＣにおける機材の統一効果と同じ流れを汲むものとして、製造工場や印刷会社において、機械の規格を統一することにより導入コストを減らし、サプライ（部品や消耗品など）を共有化して、メンテナンスを容易にするとともに、従業員の習熟度を高めている例が多くみられます。

仮に小さな事務所だったとしても、コピー機等のＯＡ機器を単一の機種に絞りこむことは、維持管理費用の削減につながります。またパソコンのアプリケーションを統一することは、習熟や教育のための時間を縮め、なにより業務のコミュニケーションをよくして、人件費の効率化に大きく貢献するものです。

② 生産手段の稼働を高める

ＬＣＣビジネスの場合、「飛行機が空港に駐機している時間」は「商品を製造する機器がありながら、なんら生産していない状態」であり、この時間をいかに短くするかということがポイントになっていました。

生産施設設備は、その耐久性を損なわないかぎり、できるだけ稼働させるべきです。仮に製造機械を４台もつ工場が、それぞれの機械の稼働率を25％ずつ高めれば、単純計算で５台分の仕事ができるようになります。工場で、メンテナンスの時間を工夫調整することで、生産量を高めているような事例は、よくみられるところです。

また、この考え方は、低価格を最優先する店舗やサービス業であれば、陳列棚や客席数を増やすということにもつながります。

立ち食いそば「名代 富士そば」を運営するダイタングループは、駅の外で、人通りの多い路面に出店し、日本で初めて24時間営業を始めました。そのきっかけは、高い家賃で、人通りもある深夜に、閉店しているのがもったいないというものでした。

そのほか、かつては毎週定休日があったデパートも、いまは年中無休が多くなりましたし、コンビニエンスストアの24時間営業も普通になっています。販売チャンスがあるのならば、費用が売上げを上回らないかぎり、営業を行うというのも、稼働率を高めるのと同様の効果をもたらします。

③人件費効率を高める

あたりまえのことですが、人件費は、人数 × 人件費単価で決まります。

人数を減らすためにはいくつもの方法があります。作業場所や業務のフローを整理して無駄な動きをなくし、効率を高めること（業務の効率化）や、各社員の習熟度を増して精鋭化し、１人あたりの生産量を高めること、適切なＩＴ化や、仕事のリズムをよくすることなども、効果が望めます。

ガソリンスタンドのＬＣＣともいえる「セルフサービス給油」では、給油、窓拭き等の人手のサービスを省くことで低価格化しています。そういったサービスがいらないのであれば、ガソリン代は安くなる。これはＬＣＣの考えとまったく同じといってもよいでしょう。

飲食業界に目を向けると、最近の居酒屋などでみられる、各座席に配置された「タッチパネル」によるオーダーシステムと料金の自動計算は、人員や教育のコストと負担を大きく減らすことに貢献しています。

居酒屋チェーンを展開するワタミでは、焼き鳥の串刺しを省略したメニューを開発し販売したことで、その原価の半分近くを占めるといわれている人件費を減らしましたし、サイゼリヤでは、掃除機のかわりに幅の広いモップを使うことで、作業効率を2倍に高めたといわれています。

ファミリーレストランやファストフード店で、革張りや合成皮革のシートを採用しているのは、見栄えがよいということや、除菌などの衛生面での理由もありますが、清掃に人手がかからないという実質的メリットも大きいのです（これはLCCとまったく同じ内容の好例ですね）。

損害保険や生命保険などでも、インターネットによる申しこみや基本情報等の個人入力を前提として、大幅な割引制度を導入しているケースがみられます。こうした方法は、顧客に理解を求め、社内での労力を低減させる取り組みといえるでしょう。

ちなみに、人件費単価を減らすにもいくつかの方法がありますが、すぐに連想するのは給与や賞与のカットという方法でしょう。

たしかに給与や賞与のカットは、非常事態への対応としては直接的効果と、即効性があるといえます。しかしLCCではいまのところ、給与や賞与のカットという方法は、あまりみられません。

それは、もともとＬＣＣは給与や賞与が低く、妥当な額に設定されていることもあります。しかしいったん定めた金額を削ること、特にそれを繰り返すようなことをすれば、モラールの低下が起こり、少ない人数でこなさなければならない業務の効率が低下することを懸念するためとも考えられます。

待遇があまりに悪いと、優れた人材を集めにくく、多くの離職を発生しがちです。それは業務の習熟度、能率、サービスレベルを落とし、結局は人件費の無駄や、顧客の評判の低下をも招くことになるでしょう。

ＩＴ導入やアサイン見直しで業務をパート化するなど、社員の構成を変えること、物価の安い国や地域に業務を移すことも、全社平均での人件費単価を引き下げます。

また業態によっては、シフトを見直したり、フレックスタイムを活用することで、人数とともに、残業代や各種手当を圧縮できることがあります。

人員削減や人件費単価の引き下げを直接もたらすものではありませんが、せっかく払う人件費の効果を高めることで、結果的には費用効率を高め、コスト低下を呼びこむ手段もあります。

たとえば、躍進しているLCCは、トップが社員と気軽に接したり、職場のコミュニケーションをよくするなど、人件費の効果を高めるための環境づくりに熱心で、それが活気を生んでいます。

また、業績評価による給与体系を活用したり、社内に特別な専門資格を設けて、人材育成の促進やモチベーションのアップ、生産性の向上を図っている企業も多くみられます。

カジュアル服の小売りで有名なジーンズメイトには「ジーンズマイスター」制度がありす。同様に、サントリーには「ウィスキー・マイスター」が、オタフクソースでは「お好み焼き士」という資格制度を導入しています。これらの制度は、自社製品に愛着を持たせ、その知識を高めることで、顧客サービスを向上させる効果があると考えられています。

このほか、人材採用と育成のバランスをよくすることは、円滑な業務遂行に有形無形の効果があります。

社員による業務を委託に切り替えることは、人件費単価を直接抑制するものではありませんが、固定費の割合を低くして、経営の景気変動への耐性を高めることができます。

またストックオプションは、給与や賞与とは別の形で、社員のモラールを刺激し、業績に報いる効果があります。

④販売費の削減とお金をかけない宣伝

販売費や宣伝費は、多くの企業が頭を抱える要素の一つといえるでしょう。

この販売費の削減のためのツールとして、ＬＣＣの多くがインターネットを用いています。

では、他の業種でも、この手法がよいのでしょうか。

この点についていては、必ずしもそうとはいえないと思います。短絡的に結びつけず、ＬＣＣがインターネットというツールを用いている理由を考えてみてください。その理由は、「直接的に取引でき、かつ、最も効率的」であること、そして「運賃の柔軟なコントロール（イールドマネジメント、Yield Management：収入単価管理）」ができるからだといえるでしょう。

つまり、中間業者を通さないことで、マージンという余計な費用をかけることなく（これもコスト削減の一つ）、かつ、24時間３６５日、いつでも販売が可能で、しかも販売価格をコントロールして収入を極大化できるという点にあるわけです。こうしたニーズをあてはめて考えていくとよいでしょう。

また、販売のための宣伝費についていては、ＬＣＣはちょっと特殊な形態かもしれません。Ｌ

CCは、宣伝のためにお金を出費することはほとんどありません。発信したいことは、ほぼすべて、自社のウェブサイトで行います。そして話題をふりまいてメディアの注意をひきつけ、取材を受けるといった形で宣伝を実現していきます。

この方法が有効なのは、利用者が新たな低運賃を欲していることと、どうせ売れ残るかもしれない座席を抱えている航空業界だからこそかもしれません。どうせ売れ残る座席や、売るための座席でもその一部を使って、びっくりするような低価格を打ち出せば、航空の利用者は無論のこと、幅広い消費者の注意をひきつけます。しかしそれも、LCCのリーダーが、世の注目に値する経営哲学や信念をもっているからこそ、できるともいえるでしょう。

低価格の魅力と必要性は、どの業域でも今後ますます高まるでしょう。

分野は違いますが、葬儀関連で、便利で低価格の定額でサービスを提供しようとする動きが出てきています。葬儀や法事を、リーズナブルな料金で行おうとするお坊さんや、立体車庫のような便利さや手軽さをアピールするお墓などです。

目を見張るような低価格や、それを含む奇抜なサービスは、顧客のニーズを先取りするようなものであれば、それを報じようとメディアのほうから寄ってきます。それは大きな宣伝となるはずです。

一度そうした目で、自分の事業を考えてみるのもよいでしょう。

⑤あらゆる費用を極限まで削減

ＬＣＣは、あらゆる費用を削減していました。特に商品価値に直接影響しない間接的な費用は極限まで圧縮していました。また燃油費、整備費、空港費といった生産に直結する費用も、その金額規模が大きいため、工夫を凝らして削減していました。

低コストを目指すかぎり、費用はすべてにわたって削減することが必要です。特に、製品の原材料など外部から購入する物資は、一般的に費用に占める割合が高いため、重要な部分の質は落とさずに、契約方法や調達・輸送方法などをゼロベースで見直すことが肝要です。

三菱重工は、各事業所で発注していた汎用部品を集中購買とすることで、年間１００億円以上の費用を削減できると報じられています。

競争相手と同じように使用するエネルギー費用は、それを節減すれば優位に立てます。日本マクドナルドでは、厨房での消費エネルギーを石油や電気から、都市ガスに切り替えたことで、店舗の光熱費を大きく圧縮したほか、コールドドリンクを提供する際のアイスを、大きなキュービックアイスから小さなチップアイスに切り替えたことで、消費エネルギーをほぼ半減させました。

ペーパーレス化は、地球資源の消費を避け、費用も節約できます。ジェットブルー航空が始めた操縦室のペーパーレス化は、紙や技術者の業務時間を削減できることから、航空業界の潮流となりつつあります。

電気機器業界では、製品マニュアルを電子化して、CDやネットダウンロードで提供することが一般化しています。

信販会社や携帯電話会社でも、使用明細書をインターネットで発行することで、郵便料や紙代を削減しています。

事務所の統廃合や移転も、費用削減で重視される項目です。本社などの間接部門の施設は、直接収入を生みださないため最小限にするのが普通です。ただし業務や人のフローが悪くなれば、かえって人件費等のコストがかさんでしまいます。その意味でも事務所の統合は、賃借料などの施設費だけでなく、人件費の削減にもつながるのです。

清掃等の委託業務を、自社人員でまかなうことは、費用削減への意識を高めるという点で、実際の削減額以上に効果的なことがあります。

塗装機器製造大手のアネスト岩田株式会社は、トイレ掃除を社長以下社員が輪番制で行うことで外注費を削減しましたが、お金を稼ぐことの大変さを社員に植え付けるという副次的効果があったといいます。

以上述べてきましたように、ＬＣＣから学べる超低コスト化のヒントは案外多いということがわかるでしょう。

第2章のまとめ

1. 新参の小さな企業が、既存の大きな企業群に立ち向かっていくためには、徹底した選択と集中、すなわち捨てるべきは捨て、マーケットを特定し、それに集中特化することが肝要です。

2. まず、選択したマーケットに特化した、効率のよい生産手段を導入することが重要です。LCCではKISSという語句に象徴されているように、超低価格の実現には「単純化」がキーでした。

3. 「安さ」に特化するためには、商品あたりのコストを最大限に低くすることが不可欠であり、そのためには、以下のことがポイントとなります。

①生産設備の稼働を高める。

②その設備で、一時に生産できる商品の量を多くする。

そのためには、最も重視する価値に特化し、それ以外の機能は極力省略して、生産を単純化する。

③主たる生産ラインは、効率よく、リズムよく稼働させる。ラインが止まったり、遅れたりすることは、結局は商品あたりのコストを高くしてしまう。

また、物流をよくすることも低コスト化には不可欠である。中間業者を減らすこと、材料や商品の流れをスムーズにすることなどが必要。

④コストはすべてにわたって低廉化させる必要があるが、費用規模の大きいものの削減は特に重視しなければならない。

またすべての費用について、その特性を考えながら低減化することも必須で、なかでも非生産部門の費用は、極限までそがなければならない。

⑤スタッフ全員に「コスト信仰」を持たせることも不可欠。

4. 人件費については、まずは生産性を極限まで高めることが肝要です。業務をシンプルにすることや、人材の多機能化などがあげられます。

給与等の人件費単価については、職務、業務、業績などでめりはりをつけ、すべてをならした平均単価で低く抑えることが望ましいです。持ち株やストックオプションなどを利用して、社員のモチベーションを上げることも、人件費の効率化につながります

要は「商品あたりの人件費」を低くするという考え方をもつことが重要なのです。

5 常に事業リスクを念頭に置き、資金面での弾力性（余裕）を保持することが大切です。

そして、勢いにまかせるだけの規模拡張は禁物です。

By the way ②

『奇抜なサービスや話題で注目を浴びるLCC』

広告宣伝費をほとんど使わず、奇抜なサービスや話題で、世間や消費者の注目を惹きつけるLCC。ここでは、本文中に掲載しきれなかった事例を紹介していきます。

① 過激な宣伝を展開するライアンエアー

燃油高騰で多くの航空会社が燃油サーチャージを導入するなか、ライアンエアーはそれを行わず、広告ではヌード姿の女性を登場させ、燃油サーチャージという衣服をつけない「裸の運賃」であるとアピールしました。

② 際限ないユーモアのサービスが話題のサウスウエスト航空

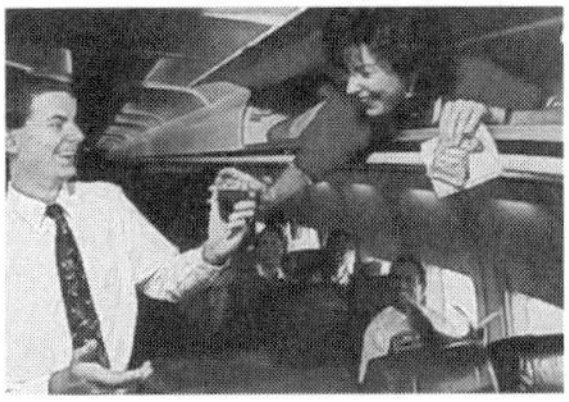

客室乗務員が手荷物の棚に隠れていて、搭乗してきた旅客をびっくりさせる。サウスウエストでは、意外なユーモアで旅客を楽しませることが、“ごくあたりまえのサービス”となっています。

③ 機内で生まれた赤ちゃんに「生涯タダ乗り権」をプレゼントしたエアアジア

ある時、飛行中のエアアジア機内で、乗客が急に産気づき、偶然乗り合わせた医師と、客室乗務員の手によって、機内で無事出産したということがありました。エアアジアは、この子と母親が旅行するときは、生涯運賃が無料となる権利をプレゼントしました。

④ わずか65kmの距離の臨時便を運航したジェットブルー

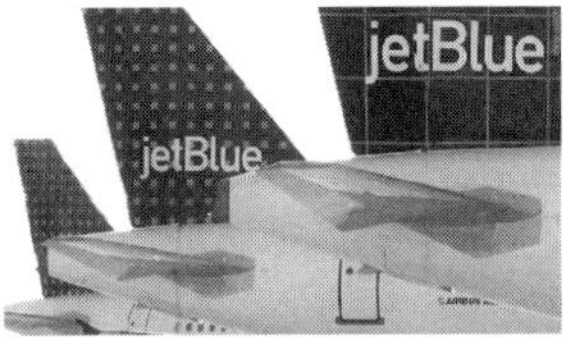

交通量の多い高速道路が、工事で通行止めとなったとき、ジェットブルーはその区間の空港を結ぶ臨時便を運航しました。距離わずか65km、料金は4ドルでしたが、限定2往復分のチケットは、3時間で完売しました。

このような奇抜なサービスや、興味深いエピソードは、多くの人々の間で必ず話題となります。そしてそれが、大きな広告効果となって跳ね返ってくるのです。

第３章

高搭乗率と利益の公式

1.「超低コスト」はあくまでも一つの条件

第2章で説明した「超低コスト」は、「超低価格」を実現するための必須条件であることは、いうまでもありません。

しかし、いくら超低コストを実現しても、すぐに儲かるというわけではありません。現に「超低コスト」を実現できても、破たんしてしまったＬＣＣはたくさんあります。また生き残っていても、経営にきゅうきゅうとしているようなＬＣＣのほうが多いくらいなのです。

ＬＣＣの先駆けといわれる、サウスウエスト航空が運航を始めたのは１９７１年のことでした。以降、１９８５年創業のライアンエアーや、１９８８年創業のジェットブルー航空を含めて、ＬＣＣ第１期ともいえる、２０００年までの期間に誕生したＬＣＣは50社あり、２０００年以降だけでも、１２８社のＬＣＣが誕生しています。

しかし、これまでに倒産、撤退、消滅にいたったＬＣＣは、52社を数えます。１７８社のＬＣＣが生まれ、２００９年末時点で生き残ったのは１２６社ということになりますから、その生存率は70％ということです。

〈 高搭乗率と利益の公式 〉

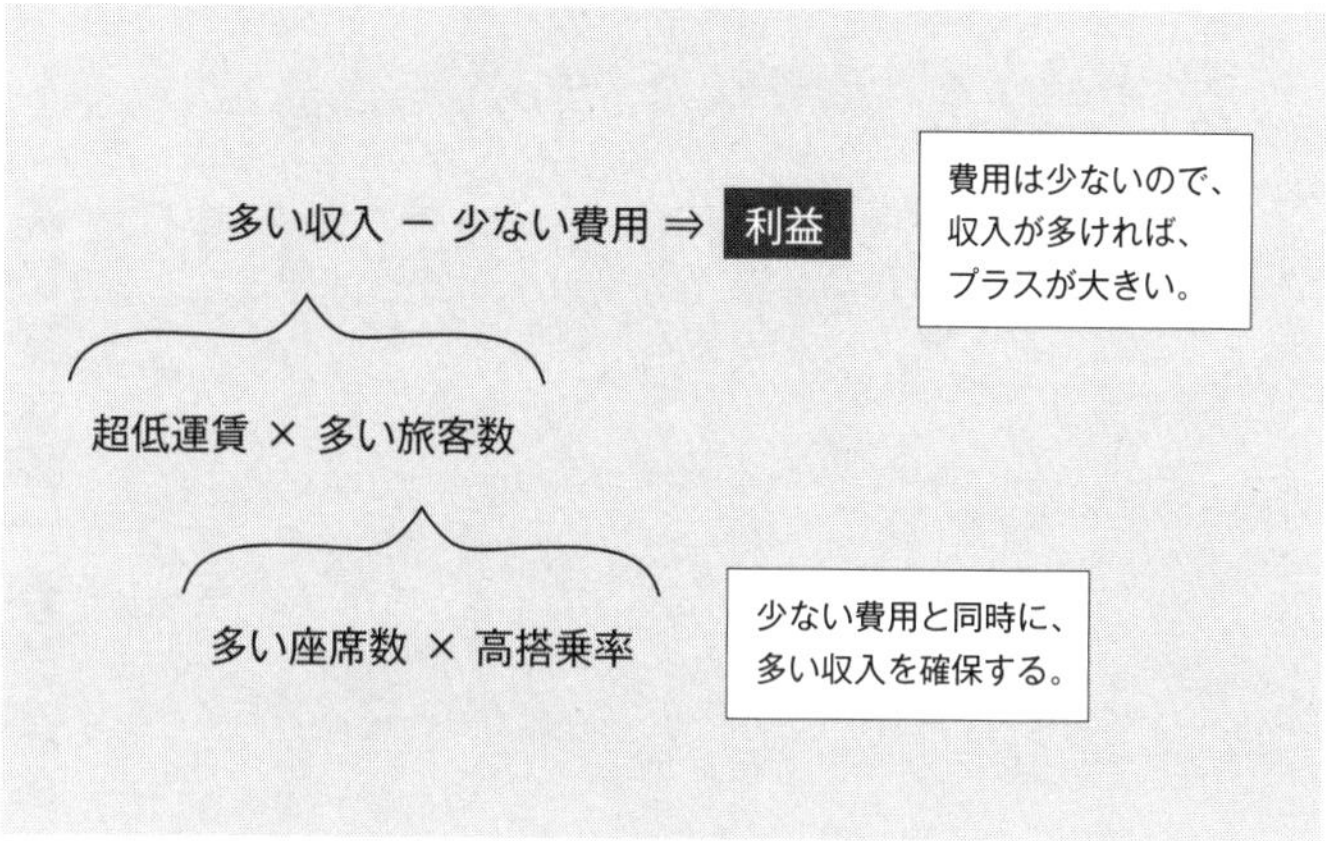
多い収入 － 少ない費用 ⇒ 利益
費用は少ないので、収入が多ければ、プラスが大きい。
超低運賃 × 多い旅客数
多い座席数 × 高搭乗率
少ない費用と同時に、多い収入を確保する。

では、なぜ破たんしてしまうのでしょうか？

それは、第2の公式である「高搭乗率と利益の公式」が成り立っていないからです。

もっと単純にいえば、「収入－費用」がプラスにならなかったからです。いくら低コストで費用を少なくしても、収入を稼げなければ儲からないということなのです。

LCCでは、収入のうちの大部分となる旅客収入を、「超低運賃 × 多い旅客数」で稼ぐことが必要です。すなわち、超低運賃の旅客を、「たえずたくさん摘みとる」ことが、費用より多い収入を稼ぐ必須条件なのです。その問題を解くのが第2の公式、「高い搭乗率と利益の公式」なのです。

2.「高い搭乗率」が成否の分かれ目

では、どうすれば多い旅客数をコンスタントに確保することができるのでしょうか？　旅客数を増やすといっても、旅客機の場合、電車のように、旅客に機内で吊り革につかまって、立って搭乗していただくというわけにもいきませんから、設置されている座席数以上に旅客数を増やすことはできません。とはいっても、新たに2便目を飛ばそうとすれば、機材数を増やさなければなりません。これは、コストが倍になることを意味します。

では機内座席を増やすためにも、機材を大型化するというのはどうでしょうか？　仮に大型機を導入した場合、その航空機をいつも満席状態で維持することは至難の業となるでしょう。たとえ需要が多い路線（マーケット）であっても、需要の偏り、たとえば季節的な偏り、曜日や時間帯での偏り、方向による偏りなどですが、それを均等化しないと、ある便では満席でも、他の便はガラガラという状態（低い搭乗率）が発生してしまいます。

つまり、旅客数（販売数）を増やすというのは、あくまでも一定の供給量（座席）をもった航空機のうえでの話であり、これをいつも満席に近い状態で飛ばすことができれば、必要な収入を確保できて、利益につながることになるというわけです。

店頭で販売されている商品にたとえれば、たくさん売れたが、売れ残り（無駄）もたくさんでたという形ではなく、用意した商品の売り切りを目指し、極力売れ残り（無駄）をださないということがポイントなのです。

「座席数に対する旅客数の割合」を「搭乗率」といいますが、この搭乗率という言葉を使って説明すれば、多い旅客数は「多い座席 × 高い搭乗率」ということになります。そして、いつも「高い搭乗率」を維持できれば、収入が多くなり、利益が確保しやすいといえます。

成功しているＬＣＣは、年間を通して75％かそれ以上の搭乗率を維持しています。コンスタントに高い搭乗率を確保し続けることが重要なのです。

実は以前、「安ければ売れる」と確信して、他のＬＣＣよりも大型の機材を使用し、倒産に追い込まれてしまったＬＣＣがあります。当時、マカオを本拠地として、急激な成長を遂げていた「ビバ・マカオ」です。

ビバ・マカオは２００５年にマカオ国際空港を本拠地として設立され、２００６年から運航を開始した航空会社です。マカオからジャカルタ、シドニー、メルボルンなどへの定期便を運航していましたが、その格安の運賃に加えて、ビジネスクラスにも力を入れることで「サービスもよく、運賃も安い」という評判を得て、みるみるうちに成長していきました。

当時マカオは、ラスベガスをもしのぐまでに成長したカジノを中心とした観光が目玉となり、日本人観光客が増え続けていました。2006年から2007年にかけて、日本人のマカオ旅行者数は大幅に増加していたのです。これを背景にビバ・マカオは、2007年からは成田へと乗り入れると、さらにどんどんと、増便していきました。

このとき、ビバ・マカオが使用していた機材は、中型機で245の座席をもつ767でした。しかし、767の245席という座席数は、LCCにとって少しばかり「売り切るには無理がある数の座席をもつ機材（座席数が多すぎる機材）」だったのです。

しかもビバ・マカオは、よりよいサービスを売り物として、機内にゆったりとしたスペースのビジネスシートを設けていたこともあり、エコノミー席が大幅に少なくなっていました。本来のLCCの手法であれば、量を多くしなければならないはずの機内全体の席数を、逆に減らしてしまったことで、かえって収入が伸び悩むという「負のスパイラル」に陥ってしまっていたのです。

これらの影響により、自社のウェブサイトのみでの販売では、とても十分な売上げが確保できなくなっていたビバ・マカオは、コミッションを払ってでも、旅行代理店を経由して販売し、売上げ確保するという方法をとらざるを得なくなりました。しかしこれは、商品（座席）コストを押し上げる結果に結びつくことになってしまいます。

結局、十分な収入を得られぬ状況のなか、折からの航空燃油の値上がりの影響をまともに受けたビバ・マカオは、費用をまかなえきれなくなり、最終的には燃油費の支払いが滞ったことが直接のきっかけとなって、２０１０年3月28日に運航停止に陥ったのです。

このビバ・マカオの例でもわかるように、ＬＣＣが一つの基準とする「年間を通して75％に近い搭乗率を維持する」ということは、並大抵のことではないのです。

3．「高い搭乗率」を得るためには？

「高い搭乗率」というのは、換言すれば「販売数を増やす」ことですが、その戦略としては、「新たな旅客を開発する（生みだす）」ことと、「競合する他社の旅客を奪う」という2つの方法が考えられます。ではこれについて、みていきましょう。

①　新たな航空需要を生みだす

十分魅力ある低運賃であれば、飛行機の速さや便利さを武器にして、これまで他の交通手段を利用していた人々を呼びこむことができます。対象となるのは、鉄道やフェリー、長距離バスなどの利用者です。

ライアンエアーは、アイルランド―イギリス間をフェリーで移動する200万人以上の人々に目をつけると、FSAの半額以下の99ポンドの運賃で参入して、初期の事業基盤を築きました。

またフランクフルト―ローマ間では、最安運賃が鉄道（ユーロライン96ユーロ）の8分の1（12ユーロ）という破格値をだして話題を呼んでいます。

こうした破格値による攻勢はライアン効果（Ryan Effect）という言葉を生みだしたくらいです。

では、LCCの運賃は本当にバス代並みなのでしょうか。欧州の代表的なLCCであるライアンエアーおよびイージージェットと、欧州域内を運航している長距離路線バス会社のユーロラインで比較してみましょう。

たとえば代表的な路線でロンドン―パリ間とフランクフルト―ローマ間を比べてみます。2月末（冬ダイヤ）の旅行を40日前（最安運賃）に予約したとしましょう。

（1）ロンドン―パリ間の移動

○イージージェットを使った場合
ロンドン（空港指定なし）↓パリ（シャルル・ド・ゴール空港）
所要時間：1時間15分・片道運賃：25・99ポンド（3450円）

○ユーロラインを使った場合
ロンドン（ビクトリア駅）↓パリ（ガリエニ駅）
所要時間：7時間30分・片道運賃：28・00ポンド（3700円）

イージージェットで移動する場合、飛行時間そのものは1時間15分ですが、市内から空港へ移動時間を別に考慮しなければなりません。とはいっても、その移動時間として、おのおの1時間半ずつ、計3時間を加えたとしても、まだ約3時間以上早く移動できることになります。

ただし費用面では、航空運賃にプラスして、飛行場までの移動料金が必要となりますから、イージージェットのほうが若干割高になるかもしれません。金額が高くなっても、3時間という時間を選択するのならば、イージージェットを利用することになるでしょう。

（2）フランクフルト — ローマ間の移動

○ライアンエアーを使った場合

フランクフルト（フランクフルト＝ハーン空港）↓ ローマ（チャンピーノ空港）

所要時間：1時間45分・片道運賃：12・00ユーロ（1345円）

○ユーロラインを使った場合

フランクフルト（中央駅）↓ ローマ（ティブルティーナ駅）

所要時間：20時間50分・片道運賃：96・00ユーロ（1万8820円）

フランクフルト — ローマ間の移動の場合、運賃の単純比較では、なんと84・00ユーロも航空運賃のほうが安くなります。

また、両都市間の距離は973km（ほぼ東京 — 長崎間）もあるため、所要時間の差も19時間5分と格段に航空機のほうが優位です。

ただし、ライアンエアーが使用するフランクフルト＝ハーン空港はフランクフルト中央駅から約120km離れており、バスで約1時間45分かかり、ローマ・チャンピーノ空港からローマ市内まではバスで30分かかります。

しかし、これらを加味しても、飛行機の利用のほうが圧倒的に有利であることにかわりはありません。出国統計によると、イギリス人が1998年から2008年の10年間で利用した、イギリスからヨーロッパ大陸への移動手段の変化を、航空機とフェリー（バスを含む）とで比較した場合、航空機利用客が220万人に増えた一方で、フェリー（バスを含む）利用客は大幅に減少しています。

LCCの登場によって、航空機以外の移動手段からLCCへと需要のシフトがみられるのです。

エアアジアの新規需要開拓も、目を見張るものがあります。

「NOW EVERYONE CAN FLY（だれでも飛行機に乗れる時代が来た）」というキャッチフレーズで、世界一といわれる低コストを武器に、まさに破格の運賃を提供して新たな航空需要を開拓したエアアジアは、短期間でアジア随一のLCCに成長しました。その勢いは、留まるところを知りません。

マレーシアに点在する多くの島々から、首都クアラルンプールへとやってくる出稼ぎ労働者の数は、約1000万人にもなるといわれています。彼らはこれまで、フェリーなどでその移動を行っていたわけですが、エアアジアの登場によって、彼らの多くが飛行機を利用するようになったのです。

このように、LCCの超低運賃は、これまではほかの移動手段を使っていた人々を、航空に取りこむことに成功しました。それだけでなく、いままで旅行や長距離移動をしなかった層の航空需要をも、新たに掘り起こしてきたのです。学生や年金生活者、所得の少ない出稼ぎ労働者といった人たちが、LCCの利用へと切り替え、いまではリピーターになっているのです。

2001年時点では、世界の航空座席の数パーセントでしかなかったLCCの座席数は、2009年度の時点で22%にまで成長しています。21世紀に入ってからの座席供給の増加分（約23%）はLCCによるものであり、既存の大手航空会社の座席は、10年前とほぼ同規模に留まっているのです。

LCCは、人の流動や経済を活性化させているといっていいでしょう。

〈エアアジアの国内および近距離国際路線〉

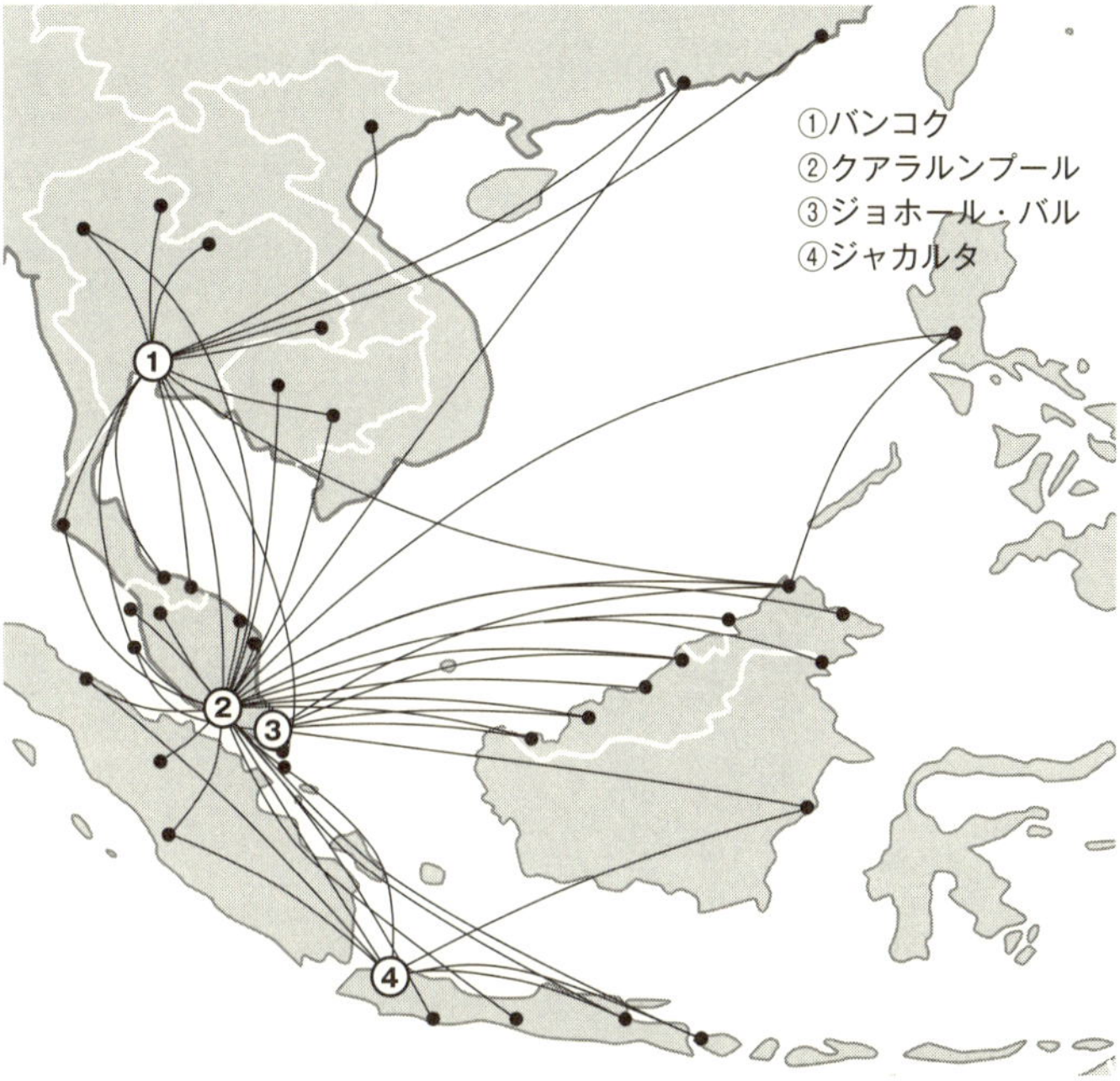

（エアアジアのホームページより）

NOW EVERYONE CAN FLY のメッセージが描かれたエアアジアの機体

② 既存の航空会社から旅客を奪う

すでに他の航空会社が運航している路線であれば、超低運賃を提供することによって、そこから旅客を奪い取ることもできるでしょう。

かつては各国を代表する航空会社である、「フラッグ・キャリア」はその国の国民にとって圧倒的な強みをもったブランドでした。たとえばイギリスのブリティッシュ・エアウェイズや、フランスのエールフランス、ドイツのルフトハンザ・ドイツ航空、アメリカのパンアメリカン航空（1991年に運航停止）、そして日本では日本航空といった、強いブランド力をもつ航空会社です。

しかし近年は、ヨーロッパ統合や航空自由化の動きと相まって、航空会社の国籍よりも、その会社の特徴や運賃が関心の対象となってきています。そして、安全性に問題さえないのであれば、消費者は自由に航空会社を選ぶようになりました。

とくに不況下での自由競争の時代においては「超低コスト ⇒ 超低運賃」は強力な武器になります。たとえば、イギリスやイタリアでは、FSAのブリティッシュ・エアウェイズよりもLCCのライアンエアーのほうが、FSAのアリタリア ― イタリア航空よりも、LCCのイージージェットのほうが、旅客数が多い状況になっているのです。

実際に欧州では、自ら飛行機を所有してパッケージツアーを販売している旅行会社から、ＬＣＣが多くの旅客を奪い取っています。パターンや日程がかぎられたパッケージツアーよりも、飛行機はＬＣＣを使い、宿泊や地上での移動については、インターネットを使って手配するという「自由度の高さ」が、余暇旅客の旅行パターンを変えつつあります。

そういった流れに対応するように、サウスウエスト航空は、自社のウェブサイトに「トラベルガイド」というコーナーを設置しています。旅客が自社のウェブサイトにコミュニティーをつくることで、世界トップクラスの旅客数を固定化すると同時に、さらなる旅客獲得を目指しているのです。

飛行機を単なる移動手段と考える一般の旅行客は、ＦＳＡからＬＣＣへと移りました。さらに、近年の景気悪化によって、ビジネス客の多くが、ＦＳＡのプレミアムクラス利用から、ＬＣＣの利用へと切り替えはじめています。しかも、こうしてＬＣＣ利用へと移った旅客の多くが、常連化しています。

本来、ＬＣＣが高い搭乗率を維持するうえで、低運賃が特に威力を発揮するのは、需要の少ない季節や時間帯の場合です。もともと少ない規模の旅客層を、低運賃によって奪い取るわけですから、結果として、奪い取ったＬＣＣの搭乗率は、多客期や多客時間帯並に高くなり、一方で、奪われたFSAの搭乗率は、大幅に下がるということが起こるのです。

③ マーケティングの重要性

「超低コスト ⇒ 超低運賃」は他社に対して、大きな威力を発揮するものですが、もちろん万能ではありません。超低運賃によっても旅客需要を生み出せないマーケットでは、いくら運賃を安くしても、高い搭乗率を維持できないため、赤字となってしまいます。そもそもの需要という「芽」がないところに、いくら水をやっても花は咲かないというわけです。

高い搭乗率のためには、マーケティングが非常に重要なのです。その市場に潜在需要があるかどうかの見極め、需要掘り起こしの道筋、宣伝効果の予測、そして、「可能性がない場合の引き際」のことまで考えておく必要があるのです。

2010年7月、オープンして間もない茨城空港に、定期的チャーターとして乗り入れた中国の春秋航空は、中国人の日本観光の需要をねらってセールスを開始しましたが、就航後数ヵ月経って、それまで予想もしていなかった「潜在的な新しい需要」がそこにあることに気づきました。それは、当初想定した以上に、茨城線は生活路線の色合いが強いということでした。日本企業の中国駐在員と中国人社員、さらに茨城県だけでも6000人いるという留学生や研修生の足（里帰りや、家族呼び寄せなど）の需要が予想以上に多く、観光需要をしのぐほどだったのです。他社が往復ベースで販売しているのに対して、片道ベースで販売しているのも、旅程の自由度が極めて高くなるとの点で利用者に大いに受け入れられました。この新需要に気づいた春秋航空は、すぐに週3便だったこの路線を、5便に増便することに決定しました。

このように、ねらえると思った路線には、積極的に飛びこんでいくLCCですが、一方で、引き際の見事さにも注目すべき点があるのです。

一定の「高い搭乗率」がどうしても期待できないマーケットには、LCCは決して進出しませんし、たとえいったん進出したとしても、期待を下回れば、傷口がひろがらないうちに撤退することになります。

タイ・エアアジアでは、値下げ競争の激化と燃料高騰を理由に、2011年3月25日からバンコク―台北間の運航の取りやめを発表しました。同路線は、エバー航空など、FSA各社が往復6000バーツ（約1万6000円）から7000バーツ（約1万9000円）という破格の価格で提供しており、燃料の値上げも重なって、タイ・エアアジアのコストでは太刀打ちできなくなったからとしています。

タイ・エアアジアが台北への就航を始めたのは２００９年９月で、これまで搭乗率を75〜78％を維持するなど、利用状況は決して悪くはなかったのですが、低価格競争のために搭乗率、そして採算性の維持がむずかしくなったこの路線を早々にあきらめ、需要が安定しているバンコク ― シンガポール路線で増便することを決定し、２０１１年４月から運航することになったのです。

ＬＣＣは果敢《かかん》に参入しますが、撤退も躊躇《ちゅうちょ》しません。マーケティングを踏まえた「果敢な挑戦と見切りの決断の速さ」、これが生き残っているＬＣＣの特徴なのです。

近年、日本の地方空港や自治体にも、ＬＣＣ誘致活動がひろまりつつありますが、前述のように、特に新たな需要の開拓について、地元が大きな役割を果たさないかぎり、うまくはいかないのではないでしょうか。

4．ＬＣＣの運賃体系と価格設定

① ＬＣＣの運賃体系

ＬＣＣの運賃体系は極めてシンプルです。基本的には区間別に、片道単位で決められており、乗継ぎ通し運賃や、往復割引といった運賃はありません。旅客にしてみれば、乗り継ぎがどうだの、どの運賃で買えばよいのかなど、複雑な価格体系で迷うことがありません。区間・片道単位で、予約時点で示された運賃を払えばよいのです。この運賃体系は個人客には利用しやすいといえます。

しかしLCCは、販売手法として、便ごとに席数を限定して、割安な運賃を提供していますし、運賃のレベルは客況などに応じて変動させています。そのままでは売れ残ると見込まれる座席分は、前もって破格の安値で販売しながら、客況に応じて柔軟に運賃を変化させることで、比較的高運賃の旅客をも獲得し、最終的には、各便での収入を極大化させているのです。

これらは宣伝効果や収入の極大化を図るLCCならではの技法なのですが、基本的にはシンプルであるLCCの運賃体系は、システムにかかるコストを抑制し、業務や人の効率性をおおいに高めているのです。

② 重要な価格設定

超低コストだからといって、むやみに安売りをしてしまったとすれば、赤字になるのは当然のことです。

仮に「超低コスト」と同じ値段で売れば儲けはどうなるでしょうか。あたりまえのことですが、すべての便で搭乗率１００％を実現し、座席を満席にしたとしても、費用と同じ額の収入しか得られないのですから、これでは儲けは得られません。

では、「超低コスト」の2倍の値段で売ればどうでしょうか。半分の座席を旅客で満たせば、すなわち搭乗率50％で、費用は回収できますね。そしてそれより多く売ったぶんが、ほぼすべて儲けになるわけです。

でもそんな高い値段を設定したら、ＦＳＡとの価格差はなくなってしまいます。それでは、旅客からも敬遠され、結果として搭乗率は低くなり、収入は減少してしまいます。

一般的には、実際のコストの1.5倍程度が、平均的な運賃収入の目安といえそうです。そうすれば、座席の約3分の2を旅客で満たせば（即ち67％程度の搭乗率を維持できれば）赤字とならず、それを上回ったぶんが利益となります。

平均でその運賃レベルを確保できればいいわけですから、場合によっては高く売ることができる場合もありますし、逆に激安価格で提供することもあります。つまり大事なのは、運賃の平均レベルを考えることなのです。

では運賃設定の実例を、エアアジアとライアンエアーでみてみましょう（2011年5月7日調べによる）。

エアアジアのクアラルンプール―シンガポール便の場合、3ヵ月先で、人気のない時間帯の便を選べば、なんと5リンギット（134円）で予約することができます。しかし1ヵ月先の便となると、同じ条件の便でも14リンギット（375円）となり、前日の便ともなると129リンギット（3462円）が最安値となります。ちなみに、同条件で混み合う便をみてみると、355リンギット（9528円）にもなってしまっています。実際にはこの運賃に、税金やサーチャージが上乗せされた価格を支払うことになります。

同じようにライアンエアーのロンドン―フランクフルト便の運賃をみると、1ヵ月先には1ポンド（132円）運賃の便がありますが、前日の便ともなると、安い便でも59・99ポンド（7933円）、高い便だと199・99ポンド（2万6446円）にもなってしまいます。

1席あたりにかかるコストは、エアアジアの平均的な路線では2900円程度、ライアンエアーだと3600円程度と試算されます。もしすべてがこれ以下の運賃の旅客ならば、満席でも赤字です。

しかし、エアアジアでは5～355リンギット（134～9528円）と変動させて、同様にライアンエアーでは、1～199・99ポンド（132～2万6446円）と変動させることで、運賃の平均レベルを調整し、高い利益を上げているのです。

実際に、1人あたりの旅客から得る収入は、エアアジア、ライアンエアーともに5000円以上（運賃のほか、サーチャージや付加収入も含む）もあるため、ともに儲かっているのです。

③運賃の設定方法（プライシング）

前項でも触れましたが、値段が安ければ多くの旅客が購入し、高ければ旅客が少なくなります。また多くの旅客が集中する季節や時間帯は、高めの値段でも売れるというのは、一般的な経済原理です。

こういうなかで、旅客1人あたりの平均収入を上げるために、LCCにかぎらず、各航空会社は、同じ便のなかでも、高い運賃で購入する旅客（概して出発日間際に予約することが多い）を重視し、それにあてる座席数を確保したうえで、残りを安い運賃の旅客で早めに埋める手法をとっているのが一般的です。

このように、航空会社は、かぎられた座席数で、収入の額が最も大きくなるように予約をコントロールします。このことをイールドマネジメントといいますが、実はこれの上手へたが、会社の収益性を左右するのです。

単純な運賃体系をとっているＬＣＣではありますが、予約状況に応じて、日々刻々と運賃をコントロールしています。同じ便の同じような座席でも、予約時期によって運賃が大幅に異なることもまれではありません。早期に購入すれば安い「早期割引」や、購入が早ければ早いほど安くなる「カウントダウン運賃」を採用したりもしています。一方、旅客にとっては、その日その日の運賃をネット上でみて決めるだけなので、煩雑《はんざつ》さはありません。

ただしＬＣＣでは、ほぼ共通して、予約と購入が同時に行われ、いったん購入すれば、たとえ乗らなくても払い戻しはしないというのが通常です。

たしかに「仕事の休みがとれるか、わからないけれど、１ポンドなら予約しておくか」と、購入してしまう人は、多少なりとも存在するはずです。したがって、実際に搭乗した旅客数と、チケットを購入した旅客数に差が発生しますが、そのすべてが収入となります。

もちろん、どの旅行会社でもそうですが、キャンセルになった座席は、出発直前に再販売されることになります。ＬＣＣの収入には、このような搭乗しない旅客分のものも少なくないと推測されます。

5．話題づくりと宣伝のための超低価格

前にも触れたように、ＬＣＣでは一定の座席数にかぎって、超低価格で販売することがあります。新規就航のキャンペーンなどによくみられるのがこれです。

エアアジア・グループで、中長距離路線を運航するＬＣＣのエアアジアXが、羽田－クアラルンプール路線就航の際に、記念運賃として５０００円という料金を打ちだしたことや、同様に春秋航空が、茨城－上海路線就航時に４０００円という記念運賃をだしたことは、記憶に新しいところです。

春秋航空では、９元（約１１７円）、99元（約１２８７円）、１９９元（約２５８７円）といった、９のつく激安航空券を看板にし、これを「低価格イメージの広告塔」としています。

シンガポールのタイガー・エアウェイズは、就航キャンペーンとしてシンガポール－バ

ンコク間で、ワンコイン運賃（1シンガポールドル：約65円）をだし、2日で1700席を完売し、ニュースになりました。

これに対抗してエアアジアが、その半額（0・49シンガポールドル：約32円）で5000席を用意して、直ちに広告を打ちました。結果はまさに飛ぶような売れ行きで、わずか3日間でこれも完売しました。

日本でも、2009年12月1日に、オーストラリアのジェットスター航空が、運休していた関西空港―ケアンズ線再開記念キャンペーンを、大阪の心斎橋パルコの1階で実施しました。そのときは、オーストラリア往復航空券を100円で販売しました。

新規就航キャンペーンだけでなく、旅客が少ない季節などに先立って、タダ同然（あるいはタダ）の運賃で販売することもあります。

やり方として、何もしなければ売れ残ると予想される座席分を、何ヵ月も前に、期間限定で売りだすという形が一般的です。またタダ同然といっても、空港施設使用料など、航空会社からの出費となるようなものは、サーチャージとして旅客から徴収するので、実損は発生しません。どうせ売れない座席から、少しでも稼ごうというわけですから、破格の低価格での売りだしが可能というわけです。

ライアンエアーは、２００４年9月に、ブリティッシュ・エアウェイズの輸送実績を上回った記念として４００万席を、なんと無料で提供しました。

タイガー・エアウェイズはいまでも、半年前に購入すれば0・99シンガポール・ドルという早割運賃を設けています。

本来高い運賃を払う客層（高い運賃でもよいと考えている層）が、このタダ同然の運賃に流れてしまう可能性もありますが、通常、こういった層の旅客は、出発の間際に予定が決まることが多いので、実際には影響は少なく、むしろ宣伝効果と新規需要開拓効果のほうが大きいといえます。

逆に超格安ということで、使い捨て（買い捨て？）覚悟で購入する旅客が多いのも事実であり（当然サーチャージも払ってです）、ＬＣＣにとってはこの収入もバカにならないと思われます。

予約では、そういった使い捨て（買い捨て）もあらかじめ見込んでコントロールするため（これがオーバー・ブッキングの考え方です）、高い運賃を払う優良旅客を弾きだしてしまうことは、ほとんどないと考えられます。

そして忘れてはならないのが、このような「信じられないような超安売り」は世間の話題となり、大きな宣伝効果を生むことです。これを宣伝費に換算すれば、見返りは多大なものといえるでしょう。ＬＣＣの超安売りは、まさに「宣伝費がわりの話題づくり」なのです。

6．付帯収入がもつ意味と効果

①付帯収入がもつ意味

日本においてＬＣＣは、激安運賃もさることながら、「ジュースや食事もお金をとられる」とか、「チェックインも、自分でコンピューターでしなければならないし、予約センターは有料だし……」など、サービスについても誤解されている点が多いように思います。

簡単にいえば、「ＬＣＣはサービスがまったくない→サービスを受けるにはお金がかかるらしい→だから基本の運賃は格安の料金になるらしい」というのが、一般的な認識ではないでしょうか。

しかし、この認識は本当に正しいのでしょうか？　ＬＣＣにはサービスがないのでしょうか？　それは、ＦＳＡと比べて品質を下げていることなのでしょうか？　利用者にとっては、不便なことなのでしょうか？

そこで、サービスという観点について、ＬＣＣの考え方を説明していきましょう。航空業界のなかでは、ＦＳＡはフルサービスを提供する航空会社である一方、ＬＣＣはノンフリルサービスの航空会社といわれています。

最初に、航空会社のサービスを整理しましょう。一般的に、サービスは、コアサービス、フリルサービス、ヒューマンサービスの３つに分けられます。

コアサービスは旅客を目的地まで安全に・定時に運ぶという運送業を支える基本サービスです。この対価が「基本的な運賃」といったらわかりやすいでしょうか。

一方で、ヒューマンサービスというのは、座席という商品を提供するにあたり、乗客により快適に利用してもらえるよう、そこで働くスタッフが提供する人的サービスのことです。

ＬＣＣはサービスをそぎ落とすといった点では、ヒューマンサービスまでそいでしまっていると考えられていますが、一概にそうともいえません。むしろシンプルな業務がホスピタリティあふれるスタッフによって支えられている面もあります。

このコアサービス、ヒューマンサービスの2点は、どの企業でも共通するものです。

では、フリルサービスには、どのようなものがあるのでしょう。商品である快適な座席、機内食、機内エンターテイメント、空港のラウンジ、マイレージなどがあげられます。ＦＳ

〈ライアンエアーの追加料金の例〉

	Web 予約の場合	電話予約の場合	備考
管理料金	652 円	985 円	予約システムのコスト負担代
電話予約料金	−	2,600 円	コールセンターの利用代
優先登場	520 円	650 円	
乳幼児	2,600 円	2,600 円	２歳未満が対象
預入荷物（１個目）	3,260 円	5,870 円	15kg 以下
預入荷物（２個目）	4,560 円	9,130 円	15kg 以下
便変更（１区間）	3,260 円	5,220 円	
搭乗者の変更（１旅客）	13,040 円	19,560 円	

※１ポンド＝ 130.4 円で換算（2011 年１月現在）

Ａでは、これらの充実化を図り、利用者に自社を選んでもらえる商品づくりを行っている、いい換えれば、他社との差別化を図り、付加価値を上げるためのサービスが、このフリルサービスとなっているということです。

しかしＬＣＣは、このフリルサービスの考え方を少しばかり変えています。それは、ノン・フリルサービスにしようということではなく、〝ノン・フリーサービス〟、つまり「無料ではないサービス」にしたのです。

レストランでコース料理を注文するのと、アラカルトで食べたいものを単品で注文するのとの差に、似ているかもしれません。ＦＳＡは「コース料理」で、デザートから飲み物まで、すべて料金のなかに含まれています。そのぶん、お値段は少々張りますね。

一方、「単品の注文」ではデザートや飲み物は別料金となっています。しかし、サラダやスープはいらないのであれば、最初から外してあれば、単品での注文のほうが安くなります。これがＬＣＣの考え方です。

つまり、旅客が受けたいサービスだけを、有料で選択できる形にしたということです。整理するとこうなります。ＬＣＣは、航空事業としてのサービスを、旅客を目的地まで安全・定時に運ぶことと割りきり、その他の要素を極限までそぎ落とすことで超低コスト、超低運賃を実現しました。

そして、そぎ落としたスリムな状態に、一定の追加的サービスを、有料で提供しているというわけです。

すなわちＬＣＣは、「必要とする人にだけ、必要なサービスを提供する」という、だれもが納得しやすい方法でニーズに応えている。と同時に、収入の上積み（付帯収入）の獲得を図っているのです。

また、ＬＣＣの付帯収入は、なにも機内だけで生まれるものではありません。

たとえば、ＬＣＣでは航空券を購入する場合、利用者はなんの抵抗感もなく、そのＬＣＣ

のウェブサイトにアクセスします。そのタイミングにあわせて、格安ホテルやレンタカーなどの予約を提供するのです。これにより、旅客の利便性は向上します。そして、ＬＣＣは、これらホテルやレンタカー会社からの手数料収入を得るわけです。

最近では多くのＬＣＣで、こういった追加サービスを旅客に積極的に売り込んでいます。その結果、ライアンエアーやエアアジアでは、通常の旅客運賃収入に加えて、さらに約３割分もの付帯収入を得ているのです。

このように付帯収入は、ＬＣＣの収益性の維持に欠かせない存在となっています。

②付帯収入の内容

付帯収入の内容や料金レベルは、ＬＣＣ各社によってさまざまですが、ほぼ共通している項目は、(1)預ける荷物、(2)機内サービス、(3)優先搭乗に関する料金です。

（1）預ける荷物

日本からの旅行を考えると、機内への持ちこみ手荷物だけで旅行する人はビジネスマンなどにかぎられ、大部分の人は預ける荷物があると思います。着替えや洗面道具、薬やガイドブック、だれかを訪ねるのであればおみやげもあるでしょう。女性は化粧品やアクセサリーなど、その旅行を楽しむためのものも必要です。

しかしながら、LCCはそもそも、短距離路線での運航から始めてきたため、機内持ちこみ手荷物だけの利用者も多くいました。預け入れ荷物がなければ、積みこむ作業が短時間ですみ、その結果、定時性の確保に貢献もします。

ライアンエアーのCEO、マイケル・オレアリー氏は、預ける荷物に対して、従来と比べて高い料金を請求する理由として、「手数料を別途請求するのは、顧客の行動を変えさせるため」と説明していますが、これはまんざら方便とはいえないかもしれません。

追加料金によって、収入が増えるというしくみをつくる一方で、人手のかかる荷物の積みこみ作業を少なくして、基本サービスの一つである運航の定時性を高め（積みこむ時間が少ないほうが、飛行場に駐機している時間も短縮されますから、安定した定時性につながります）、旅客をさらに増やそうというわけですから。

ちなみに預ける荷物料金は押しなべて高く、ライアンエアーの場合、15kgの荷物を1個預けるだけでも繁忙期の事前払いの場合、20ポンド〜40ポンド（約2600〜5300円）かかり、それが20kgともなると繁忙期の事前払いの場合、30〜50ポンド（約4000〜

〈LCCにおける追加料金の発生例〉

予約・発券時に	空港で	機内で
発券手数料	預入荷物手数料	機内食・飲料代
予約変更手数料	サイズオーバー手荷物手数料	エンターテイメント使用料
予約料金（電話予約）	ペット料金	毛布・枕使用料
座席指定料	子供一人旅の追加料金	インターネット使用料
	優先搭乗料金	
	空港搭乗カード再発行料金	

6600円）と高額になります。

しかも、空港払いの場合には、さらにそれぞれ10ポンドほど高くなります。これは、もともとの運賃を考えれば、とても高い追加料金だといえるはずです。

(2) 機内サービス

LCCの機内では、基本的にすべてのものに追加料金がかかるといっていいでしょう。食事やアルコール類はもちろんのことですが、ソフトドリンクも有料となっています。

機内ではインフライト・エンターテイメント（IFE）の設備もないので、音楽を聴いたり、映画をみたいときに、機械を借りるのにもお金がかかります。また、毛布や枕なども有料です。

事前に受けたいサービスを予約しておけば、割引購入できるのですが、機内に入ってから、急に食事がしたくなったという場合には、割高な料金を払わなければなりませんし、場合によっては希望の食事を食べられないこともあります（そもそも積み込んでいる量が少ないのです）。

では、仮に羽田からエアアジアXを利用して、クアラルンプールに行くとしたときに、追加料金としていくらかかるのか、具体的にイメージしやすい例をあげてみましょう。

たとえばこんな機内サービスを頼んだら…

・機内食を事前オーダー
・食後にコーヒーとチョコレートを購入
・お馴染みの赤い帽子をおみやげで購入
・のどが渇いたのでコーラを1本購入
合計　1612円

特に贅沢をするわけではなく、ごく普通の旅行客でも想像できる機内サービスの利用例で

〈エアアジアXの追加料金の設定〉

	機内で購入の場合	事前予約した場合
機内食	900円	700円
毛布･空気枕セット･アイマスク(コンフォートキット)	1,500円	1,000円
コーヒー・紅茶・ジュース等	134～161円	―
ミネラルウォーター	81円	―
ポテトチップス、クッキー・チョコレート	81～134円	―
機内エンターテイメント	939円	805円
エアアジア キャップ	510円	―
エアアジア ポロシャツ	1,047円	―
エアアジア モデルプレーン	2,657円	―
エアアジア ベアーのぬいぐるみ	483円	―

※1リンギット＝¥24.5で換算（2011年1月現在）

すが、これで1612円が運賃とは別に生じます。たかがこの程度、利用者としてはそんな感覚かもしれません。しかしあなどるなかれ、航空会社の収入としては、非常に大きいものなのです。

仮に180席の飛行機が搭乗率75%、135人の乗客を乗せている状況で、全員がソフトドリンクを1杯ずつ、さらに、そのうち半数の人が機内食をオーダーしたとしましょう。すると1回のフライトで、6万円以上の売上げが生まれます。

年間10万回の運航があった場合、単純計算すると、これだけでなんと6億円以上の付帯収入が発生するのです。

だからこそ、LCCは付帯収入にこだわっているのです。チリも積もれば……とはいいませんが、付帯収入を積極的に上げられる機内では、乗客へのさまざまなアプローチが行われています。

春秋航空では、免税品グッズの販売アナウンスが積極的で、フライト中に延々と続くという話ですから、おちおち寝てもいられないようです。

また、エアアジアでは、飛行計画や飛行時間のアナウンスの後に、「エアアジアでは、さまざまなキャンペーンを行っているので、ぜひ当社のウェブサイトをみてほしい」と、機長自ら自社商品の宣伝を積極的に行っているということです。

各ＬＣＣでは、こういった機内での売上げも、大きな収入源となっているのです。

(3) 優先搭乗に関する料金

航空会社の商品である座席について、ＦＳＡでは、居住性のよし悪しで料金を決めてきました。基本的にＦＳＡのサービスは、ファーストクラスのサービスが基本となっています。というのも、かつて航空機を利用できたのはかぎられた人たちのみであり、座席もいまでいうファーストクラスしかなかったのです。その後、エコノミークラスやビジネスクラスといった、クラス別の座席が生まれましたが、そもそも座席に対する運賃には、居住性を含めたフリルサービスが、あたかもレストランのコース料理のように組み込まれているのです。

〈 タイガー・エアウェイズの航空券支払例詳細 〉

Payment Details

	Details of Fares and Other Charges		
航空運賃	Ticket Fare	MYR	23.00
	Airport Charges (If any)	MYR	0.00
税金・サーチャージ	Taxes and Surcharges	MYR	57.00
	GST(If applicable)	MYR	0.00
追加料金（荷物・座席指定）	Service Fees Inclusive of Tax	MYR	72.00
	Passenger Movement Charge	MYR	0.0
	Singapore Aviation Levy	MYR	0.0
	Insurance (If any)	MYR	0.00
支払総額	Total Cost	MYR	152.00

〈 代表的な LCC の営業利益に対する付加収入の割合 〉

	ライアンエアー	エアアジア
① 運賃収入	2,620 億円	574 億円
② 付加収入	748 億円	152 億円
③ 収入に占める付加収入の割合（②/(①+②))	22%	21%
④ 営業利益	453 億円	245 億円
⑤ 年間旅客数	6,650 万人	1425 万人
⑥ 一人当たり付加収入（②/⑤）	1,125 円	1,064 円

※ 2009 年度の各社アニュアルレポートより計算（1 ポンド＝￥132.24、1 リンギット￥26.84）
※付加収入には、旅客以外から得た収入（広告収入）なども含まれている。

一方、ＬＣＣは基本的にすべてエコノミークラスの自由席です。座席という商品に対して同じ料金、しかも格安な料金を設定しています。

しかし、窓際や通路際の座席は、真ん中の座席と比べて居住性はどうでしょう？　また、出入り口付近の座席は足を伸ばすこともできます。ほかにも、他の座席と比べて少し広めの座席も機内には存在します。ＬＣＣの価格設定の考え方からすると、この居住性の違いは不公平だとはいえないでしょうか？

そこで生まれたのが、予約の際の優先搭乗（早い順番での搭乗）や一部のプレミアム座席の有料化です。

たとえばエアアジアでは優先搭乗には約３００円が、ライアンエアーでは約４００円が必要となっています。これを支払って、われさきにと機内へ入り、少しでも居心地のよい座席を選んで座りたいという人は少なくありません。一方、航空会社としては、ここでも付帯収入を得ることができます。

数百円なんて大した金額ではないと思うかもしれませんが、そこは年間７０００万人を運ぶライアンエアーなのですから、仮に2割の旅客がこのサービスを利用した場合、なんと56億円もの追加収入になるのです。

このほかにも、LCC各社ではさまざま追加料金が設定されていますが、特に付帯収入の獲得に熱心といわれるライアンエアーは、幼児の同伴（約2000円）や、指定以外のカードでの支払いにも料金（約700円）を課しているほどなのです。

LCCは、フリルサービス以外でも、すでに述べたように付帯収入源をたくさん創造してきました。そこには旅客以外から受けとるものも含まれています。

たとえば旅行に付随するホテルやレンタカーの予約、旅行保険などから受けとる手数料も一般的であり、エアアジア ― シティバンクなどからのクレジットカードも付帯収入の一部です。

広告収入としては、機内誌への広告掲載料も大きなものになっています。約70万人の読者がいるエアアジアの機内誌は、初年度に100万リンギット（約2700万円）もの広告掲載料を稼いだそうです。

また、機内では許すかぎりの場所、たとえば座席の背もたれの後ろ側や、ミールトレーの裏、荷物入れの棚から、飛行機酔いのエチケット袋まで、さまざまな場所に広告スペースを設けて広告掲載を募ることで、広告料を得ています。

もちろん、広告スペースはなにも機内だけにかぎられません。乗り降りに使うタラップなどの地上機器や、飛行機の機体そのもの、そして自社のホームページまでも、宣伝収入の媒体として提供し、付帯的な収入を得ているのです。

付帯収入は、LCCにとっては「金の壺」といわれている理由がよくわかります。

③ 付帯収入の収益性効果

付帯収入は、旅客1人あたりの収入を底上げし、LCCの収益基盤を強化します。その一部を運賃競争にあてれば、さらなる超低価格を実現することができ、競合他社に対して優位に立つことができます。

また、仮にタダ同然の運賃で獲得した旅客であったとしても、搭乗時や機内で付加サービスを利用することにより、多くの付帯収入を得ることができれば、結果的に客単価は増加して、優良な旅客となります。

年間453億円もの営業利益を稼いでいるライアンエアーが得ている付帯収入は、なんと748億円（2009年度）にも上ります。同様に、年間245億円の営業利益を稼いでいるエアアジアの付帯収入は、152億円（2009年度）にもなります。これを旅客数で割り算すると、両社ともに、旅客1人あたりから1000円を超える付帯収入を得ていることになります。

このように、付帯収入は、LCCの収益性を維持、そして向上させるために、必要不可欠なものとなっているのです

7.「高搭乗率と利益の公式」から学ぶ儲けのヒント

LCCにとって、全体の費用を抑えて超低コストを実現することは必須条件ですが、それだけでは不十分だということを、本章を通して説明してきました。安定した利益を確保するには、その費用を上回る収入を稼ぐ必要があり、それを達成する有力な手段として高搭乗率の実現が不可欠なのです。

ここでは「高搭乗率と利益の公式」が儲けを生みだすということを念頭に置いて、航空業界以外の企業の事例をあげながら、儲けのヒントをみていきましょう。

① 超低コスト、高搭乗率と利益の公式を地で行く「ユニクロ」

まず左ページに簡易化して記載した、㈱ファーストリテイリング（以後ブランド名のユニクロと記す）の損益計算書（２０１０年８月期）をみてください。

ユニクロは、よく「薄利多売」で儲けているといわれますが、決して薄利ではなく、むしろ大きな利益を得ています。そこには、高搭乗率と利益の式のお手本ともいえるしくみがあったのです。

損益計算書によると、売上高は８１４８億円となっています。そのうち、製品の仕入れ費用は３９３９億円、粗利益は売上げの半分以上（51・７%）の４２０９億円です。

そして売上げの35・４%にあたる２８８５億円を人件費などの諸経費に使い、営業利益は売上げの16・２%、１３２４億円を確保しています。これは「薄利」どころか「超高収益」です。

そこからイレギュラーな損失や税金を控除した後の当期純利益は６１７億円であり、売上高の7.6%となっています。

ユニクロは、デザイン等の企画から製造、販売まで一貫して行うＳＰＡ方式（Specialty store retailer of Private label Apparel：製造型小売り）をとっています。中国をはじめ、人

〈ファーストリテイリング（ユニクロ）の損益計算書〉

	実績（億円）	売上高比（%）
売上高	8,148	100.0
仕入費	3,939	48.3
粗利益	4,209	51.7
人件費	1,013	12.4
広告宣伝費	377	4.6
賃借料	791	9.7
減価償却費	122	1.5
その他の費用	582	7.1
販売費・一般管理費計	2,885	35.4
営業利益	1,324	16.2
営業外損益 ※1	−86	
経常利益	1,238	
特別損益 ※2	−69	
税金等調整前利益	1,169	
法人税など	−552	
当期純利益	617	7.6

※1 販売や購入時期と精算時期の違いから発生した通貨換算差額損など
※2 不良資産の償却による損など

●社員の内訳	（人）
国内ユニクロ事業　社員	3,988
パート・アルバイト	14,421
その他の事業 社員	7,608
パート・アルバイト（海外含）	3,723
合計	29,740

（ファーストリテイリングの2009年度有価証券報告書による）

件費の安いアジア各国で製造し、販売店までの物流を効率化することで、売り値の約半値で仕入れるという「低コスト」を実現しています。

そのうえで、人件費等の諸経費で約35％のコストを費やしても、15％程度の営業利益を得ているのです。

これらの比率は、めざましい成長を遂げているこの数年、ほぼ一定しています。換言すれば、商品を仕入値の倍の価格で売り、諸経費を35％程度にコントロールして、約15％の営業利益を安定的に確保しているということです。

ユニクロは、製品ごとに数量を決めて製造し、それを売り切る方式をとっています。よく売れるからといって増産して売上げを拡大するのではなく、一定の価格を決めて売り、売れ残りそうなものだけ価格を下げて、すべてを無駄なく売ってしまいます。

たくさんの商品を販売しているので「多売」にみえるのでしょうが、実はＬＣＣでいえば、かぎりある座席を売り切るという「高搭乗率の公式」と同じ方式なのです。

売れ残ると思われるぶんを最初に安く売り、混みあってくる便の出発間際には運賃を高くするＬＣＣと、最初は所定の値段で売り、土日などを中心に、定期的に残ったぶんを安くしながら、残り商品を売り切ってしまうユニクロの販売方法は、「値段をコントロールしながら、全製品を売り切ることを目標とし、その条件のもとで収入を最大にする」という意味で一致しており、その土台ともなる「高搭乗率と利益の公式」は共通しています。

また人件費効率やヒューマンサービスという点では、ユニクロはパートやアルバイトの活用に力を入れています。特に主要市場の国内では、従業員1万8000人のうち、約8割にあたる1万4000人がパートやアルバイトです。

そして優れた商品力・マーケティング力とともに、従業員教育に力を入れ、成長の原動力としているのです。

②低コストを実現し、「高品質な990円の靴」の販売を実現できた「チヨダ」

「東京靴流通センター」など1000を超える店舗を展開する㈱チヨダは、2010年3月から〝高品質な990円の靴〟を販売開始しました。

品質を維持しながら、990円という低価格を提供する。いったいどうやってそれを実現し、かつ儲けるのでしょうか?

その秘密はやはり、低コストと売り切り（高搭乗率の公式）にありました。低コストは、発注ロット10万足を基準として、中国や東アジアの国に生産の委託を行うことで実現しています。と、ここまでは、人件費の安い海外工場へ大量発注をかけるという、多くの企業でも取り入れているコスト削減方法です。

しかし、チヨダが考えたのは、「できあがった製品を日本へ送るしくみ」をも変えることでした。海外工場から出荷する時点で、各店舗向けの小分け梱包や値札付けを行って、その店舗へ直接送ることで、流通コスト（日本での一時保管の倉庫代金、仕分けに必要な人件費、店舗間で欠品を相互移送する費用など）を極限まで削減することに成功したのです。

さらに、限定販売される靴は各店舗売り切りとし、たとえ好評で欠品が生じたとしても補充はしないこととしました。「売り切り御免」のこの商法は、「安くて気に入った靴は早めに購入する」という、購入者側の購買サイクルも生みだしているようです。

③ 低価格で新規需要を創出し、文化まで変えつつある「Ｚｏｆｆ」

少し前までは、メガネは、実用的で高額なものというイメージがありました。また、つくってもらうのにも時間がかかるため、眼鏡屋さんへは気軽に行きにくいと思う人が少なかったでしょう。

しかし、最近では実用に加えて、洋服を着替えるようにメガネを替えるという人も多くなってきました。そのブームを牽引している一つが、アパレル業界から参入してきた、高品質、低価格眼鏡チェーン「Ｚｏｆｆ」（株式会社インターメスティックによる眼鏡専門店）だといわれています。

「Ｚｏｆｆ」の取り扱う商品は、フレームとレンズの価格を一体化して、一式５０００円、７０００円、９０００円の３つの低価格に絞りこんで販売するという方式をとっています。レンズは韓国製、フレームは自社でデザインして中国の工場に大量発注することで大幅なコストダウンを実現しました。

そしてその超低価格は、眼鏡を複数所有し、ファッションアイテムとして楽しむ顧客を生みだしました。超低価格は、需要だけでなく、新たな文化をも生みだしているのです。これはＬＣＣが超低価格で、新たな需要を創出し、経済の活性化をもたらしたことと共通しているといえるでしょう。

④イタリア料理を庶民の食べ物に！　中国進出成功の「サイゼリヤ」

日本でも安くておいしいと話題のイタリア料理チェーンのサイゼリヤは、２００３年12月に初めて、中国の上海に出店しましたが、価格破壊によって、中国ではそれまで高級料理とされていたイタリア料理を庶民の食べ物へと変えました。

サイゼリヤが考えたターゲットは、世帯収入が月5000元以下の中間層や、それよりもやや下の、人数の厚い層でした。パスタは、既存チェーンである「ピザハット」の価格の3分の1を下回る9元（約108円）にするなど、ファストフードやほかの麺類店並みの予算で、安心して入れる価格で提供したことが、大きな起爆剤となりました。

その低価格の秘密は「シンプル化」にありました。顧客が望まないものはいっさい削りとってシンプルなものにする。ただし、顧客が望む要素はちゃんと残すか、別途追加が可能にしたりするというものでした。これによって、食材原価を削るとともに、調理の簡素化を実現しました。もちろん、その食材も、日本国内とオーストラリアの工場で集中生産することで、原価を抑えて、低価格化の下地をつくりました。

価格だけでなく、その味や、豊富なメニュー、ドリンクバーの設置、高級感のある店内の雰囲気は人気を呼び、いまでは中国内で約50店舗をもつ巨大チェーンにまで成長しています。

⑤アメリカのホテルでみられる「LCC的価格管理」

客況によって価格を柔軟に変化させるという手法は、インターネットによるホテル予約で

〈ラスベガスのホテルの予約価格 サンプル（単位 $）〉

予約日	7/3(Sun)	7/4(Mon)	7/5(Tue)	7/6(Wed)	7/7(Thu)	税込合計	1泊平均
6/2 時点	17	8	8	8	8	57.48	11.50
6/11 時点	24	11	11	11	11	77.38	15.48
6/14 時点	40	24	23	23	23	149.99	30.00
6/23 時点	56	40	30	30	30	210.04	42.01
6/30 時点	80	56	32	32	32	261.32	52.26
7/1 時点	104	56	32	32	32	284.41	56.88
7/2 時点	119	55	31	31	31	302.37	60.47

（i4vegas　www. i4vegas.com より）

もごく一般的です。ラスベガスのあるホテルについて、２０１１年７月３日から５連泊するときの価格を、予約日を追って調べてみたところ、１ヵ月前の６月２日には、１泊あたり税込みで平均11・50ドルの価格で予約できましたが、その後徐々に上昇し、宿泊前日にはその５倍以上の平均60・47ドルとなりました。特に日曜である７月３日の宿泊は、１ヵ月前には17ドルで計算されていたのに対し、前日の予約では１１９ドルとなっていました。

　このように、売れ残りそうなぶんは早くから低価格で売りだして、部屋全部を売り切ること（いわば高搭乗率の達成）を目指し、同時に需要の高さに応じて価格を上げて、収入の極大化を図っているのです。

⑥居酒屋チェーン店の全品均一価格

最近、多くの居酒屋チェーン店で、全品均一価格がひろまっています。原価が高く、利益がでにくい商品（ビールなど）と、原価が低く、儲けが大きい商品（枝豆など）、そしてどちらにも属さないが、回転数の高い商品（焼き鳥など）に加え、集客訴求力ある期間限定品を組み合わせて、全体として売上げ個数を伸ばし、利益を確保しようとしているのです。

通常、この手法は薄利多売の範疇《はんちゅう》に含まれますが、利益が確保できるよう平均価格をコントロールする点では、ＬＣＣのイールドマネジメントにも通じるところがあるといえます。

⑦ホテルのサービスも区分けして付帯収入にしたチェーンホテル

エアアジア系列のチューンホテルは、マレーシアやインドネシアを中心に規模を拡大しているホテルで、通常宿泊費に組み込まれているサービスを区分して、基本料金を安くし、付加サービスとした部分を有料化するという、ＬＣＣと同じ手法が一部で取り入れられています。

たとえば、インドネシアのバリチューンホテルではエアコンのクーラーは別料金（12時間

4.7ドル）、ロンドンではテレビ／Ｗｉ－Ｆｉが５ドル、クアラルンプールではタオルセットが１・75ドルということです。このため、マレーシア内のチューンホテルでは、60％の顧客がタオルを持参し、25％の顧客がエアコンを使わないそうです。これは、機内食や毛布などのサービスと同様といってよいでしょう。

⑧グッズ販売収入などが利益を支える「東京ディズニーリゾート」

東京ディズニーリゾートを運営する㈱オリエンタルランドの２０１０年度連結決算（２０１１年３月期）によれば、震災による営業停止の影響で、入場者数こそ前年より２％下回ったものの、テーマパーク事業の売上高は32億円（１％）増加したことが貢献して、増益となっています。入場者数の減少によって入場料収入も減少したものの、商品販売などの付帯的収入が大幅に増えたことが貢献したのです。

ゲスト１人あたりの売上高は、ここ数年間上昇し続けており、２０１０年度は５年前に比べて９％多い、１万円以上となりました。その間、１人あたり入場料は５％の上昇に留まっていますが、商品販売収入などは12％も上昇しています。

各テーマパークのなかでも、東京ディズニーリゾートの運営する東京ディズニーランドや東京ディズニーシーは、リピーターが多いことで知られていますが、このリピーターが生みだす付帯収入が多いことと相まって、安定した高収益を達成しています。こうなると、もはや付帯とはいえず、本業そのものに組み込まれている収入といってよいかもしれません。

このように、付帯収入が収益性を支える、あるいは小規模でも、大きな設備投資や収支リスクを伴うことなく、収益性に貢献するという例は枚挙に暇《いとま》がありません。

⑨ブランドか製造受託か、低価格競争の中で破たんした「くめ納豆」

ここで「半面教師」的な事例も紹介しておきましょう。「くめ納豆」ブランドで知られる大手納豆メーカー、くめ・クオリティ・プロダクツ（以後くめ納豆と記す）が2009年8月に破たんした事例は、ブランドの生産体制で薄利多売をねらった結果、ついには行き詰まったものといえるでしょう。

大豆など原材料の調達コストが上昇する一方で、価格競争の激しさから、それを販売価格に転嫁できず、利幅が小さくなる一方であったくめ納豆は、工場の稼働率を上げて収入を確保するために、大手小売チェーンのPB（プライベートブランド）の下請け製造を開始しました。利幅は小さくても大量注文を得る下請け製造は、魅力的だったのです。

しかし、大手小売チェーンが求める「低価格による宣伝効果をねらったPB商品」は、納豆3パック58円など、極端な低価格化をもたらしました。これによりブランド商品市場が圧迫され、くめ納豆オリジナル商品が打撃を受ける一方で、下請け製造分の利幅はさらに低下、結果的に資金繰りがとどこおり、経営破たんに追い込まれてしまったのです（のちに㈱ミツカンに営業譲渡され、「くめ納豆」ブランドは復活します）。

実は航空業界にも、同じようなことが起きています。自由化の進展と競争激化で低価格化が進み、高騰する燃油費も、需要を冷やすことから価格に十分転嫁できず、収益性が悪化しています。そんななかで、ブランドか超低価格かの2つの方向に集約されつつあります。

それに対応すべく、どの会社もコストの削減に取り組んでいますが、そのなかでいえることとは、「ブランドのビジネスモデル体制のままで、超低価格に挑んでも限界がある」ということです。超低価格には、それなりのビジネスモデルで取り組まないかぎり、超低価格に特化したLCCにはかなわないということです。

第3章のまとめ

1. 「超低コスト」は「超低運賃」を実現するための必須の条件ですが、いくら費用を少なくしたとしても、収入が費用を上回らなくては利益がでません。
2. 超低運賃でも費用を上回る収入を得るためには、より多くの旅客を摘みとることと、可能な限り「比較的高めの低運賃」を組み合わせて、一つひとつの便の収入を極大化させることがポイントとなります。
3. より多くの旅客は、限られた器（座席数）で達成しなくてはなりません。すなわち搭乗率を高くすることが必要です。多くの旅客を得ようとして、必要以上に器（機材）を大きくすれば、費用がかさむ一方で搭乗率が下がり、結局は利益がでません。多少の機会損失はあっても、安定して高い搭乗率を確保することが大事なのです。
4. 高い搭乗率を得るには、超低運賃によって新たな航空需要を掘り起こすとともに、他社から旅客を奪いとり、それらを安定的に維持していくことが不可欠ですが、そのためにはマーケティングが重要です。
5. 一つひとつの便の収入を極大化させるためには、予約状況に応じた日々の柔軟な運賃管理が重要です。すなわち、たえず状況をみながら、予約が多い便は運賃を上げ、空席が多くなれば運賃を下げるなどのコントロールを行って、すべての便を満席に近づけながら、収入を最大限に高めることです。

旅客にとっては、予約時点によって購入価格が異なることは、もはや当然のことであり、総じて早いうちに行う予約はより安い運賃に、便の出発日間際に行う予約は比較的高い運賃になります。

6. 常に話題性を発信することは、費用をかけなくても宣伝効果が大きく、新たな旅客をひきよせ、そしてそれを常連化させていく重要な手段です。

7. 追加的サービスの対価（機内サービス等）、旅客の利便性対応（ホテル、レンタカーの予約等）、資源の活用（機内・機外広告等）から生じる付帯収入は、重要な収益源であり、多ければ多いほど利益が増え、あるいはさらに低運賃化できる余裕につながります。

By the way ③

『スカイマークは日本のLCCになれるのか？』

日本にもこれまでに、いくつかの新規航空会社が誕生しました。しかしながら、その全てが経営難に陥り、大手と提携し、生き残りを図っているというのが実情です。

そのなかでスカイマークだけは、高収益をあげ、意気軒昂に規模拡大しています。2010年度決算で580億円の売上高に対し、112億円の営業利益を獲得、営業利益率19%というのは、国内では突出して高いレベルです。

その理由は、機材を効率の良い新鋭の小型機に統一した上で、需要が大きい羽田発着の4大路線（札幌、大阪（神戸）、福岡、沖縄）を事業の中心とし、大手2社と比べ、大幅に安い普通運賃を提供することで、他社よりも高い搭乗率を確保しているからです。

とはいっても、スカイマークの1席あたりのコストは約8,000円ですから、国内他社に比べて、1～2割程度安いものの、海外のLCCと比較すると格段に高いものです。

これは、費用の中で大きな割合を占める空港使用料や、燃料税等が極めて高いからなのですが、日本には適当な第2、第3の空港がなく、施設利用料の高い空港を使わざるを得ないことや、人件費ほかの費用が海外に比べて高く、また合理化に対する制約があるということも、少なからず影響しています。

なにより、日本ではまだ低運賃メリットとともに、シンプルなサービスを当然のこととして受容する、LCCの消費者感覚が未成熟だということもあります。

いずれにせよ、このまま1席に対して、約8,000円のコストがかかるようだと、今以上の破格的運賃を導入することは難しいでしょう。

スカイマークの現状は、低価格航空会社ではあるものの、残念ながら超低コスト会社といえません。しかし、国内特有の高い費用や制約が抜本的に見直され、徹底したシンプルサービスや、付加収入の徴収等が進めば、今後のLCC旅客市場の成長ともあいまって、日本国内にも文字どおり、LCC誕生が期待されます。

先日、全日空がLCCを立ち上げましたが、既存の会社から育つとすれば、スカイマークはその最先端にあるでしょう。

第４章

スタッフの力が倍になる秘密

1. 公式を実現するのは「人の力」

〝ＬＣＣのビジネスモデルについてはいくらでもお話ししましょう。あなたがそれをそのまま真似ても成功できるとは思いません。ビジネスモデルはだれでも真似ることはできますが、企業文化は真似できないからです〟

これは、エアアジアＣＥＯのトニー・フェルナンデス氏がよく口にする言葉です。

またアメリカのＦＳＡのある幹部は、ＬＣＣに対する評価として、このようなことをいっています。

「ＬＣＣの怖さは、低運賃やコストのビジネスモデルではなく、動機付けされた(motivated)、やる気旺盛な(passionate)社員集団だ」

これまでに説明してきた「超低コストの公式」と「高搭乗率と利益の公式」という2つの

左上：エアアジアの CEO
トニー・フェルナンデス氏
左下：エアアジアの A320
右上：エアアジアの日本便紹介ページ

公式は、成功しているＬＣＣに共通している要素を、簡単に説明したものなのですが、形だけそれと同じことをしたとしても、成功するというわけではありません。

なぜなら、公式を実際に実行するのは、そこで「働く人」であって、その働く人が、公式によって最大限の効果を生みだすことができなければ、その公式は単なる「理想的な方法論」に終わってしまうからです。

いい換えれば、公式はあくまで「理想的な体の動かし方」を示したものにすぎず、実際に体を動かす「働く人」が、自ら率先して企業のなかの主役として「理想的な体の動かし方」を実践したときに、はじめて公式は活きるものだということです。

では、どうしたら「働く人」が喜んで、公式を実践しようとしてくれるのでしょうか？

これまでに説明してきたとおり、ＬＣＣはＦＳＡと比べて、より多くの仕事をこなさなければならない職場になっています。それにもかかわらず、成功しているＬＣＣで、自分が企業の主人公であるという自覚をもち、高いモラールを維持して働いているのはなぜでしょうか？

働く人にとって、実際の仕事の「負担」が、そのまま「負担感」につながることは、非常に辛いことです。しかし、仕事のなかで面白さや満足感を得ることができれば、実際の仕事の「負担感」は大きく軽減されるばかりか、むしろ「満足感」さえ味わうことができるようになります。そのしくみが「企業文化」であり、理想的な体の動かし方をスムーズに行うための、「酵素」のようなものになっているといえるのではないでしょうか。

2. 企業文化を築き、たえず活性化させるのは、強いリーダーシップ

成功しているＬＣＣで、「酵素」である企業文化を作りだしているのは、〝強いリーダーシップ〟です。多くのスタッフは、決して高額な報酬を受け取っているわけではありません。

リーダーが示す〝夢や情熱を共有させる〟姿勢、そして〝スタッフを守る〟姿勢が、「酵素」である企業文化を生みだしていくのです。

そして「働く人」は、その「企業文化（酵素）」のなかで「理想的なLCCの体の動かし方」、すなわち2つの公式を実践しているわけです。

では、成功しているLCCのリーダーたちの姿や行動を、少しばかりご紹介していきましょう。

①リーダーと社員との距離感

先述のフェルナンデス氏は、ある日の3時間を、エアアジアの拠点であるクアラルンプールの格安航空会社ターミナルで、貨物スタッフと一緒に汗だくになって、荷物の積み下ろしを行うことに費やしています。

また、別の日にはカウンターで、旅客のチェックイン業務を気軽に手伝います。

会社の規模は十分に大きく、フェルナンデス氏はスタッフの顔をすべて覚えることはできません。そんな彼のもとに、スタッフたちから寄せられるメールは1日に1000通にもなります。その送信者のほとんどが、彼にとっては「顔も知らないスタッフ」です。それでも彼はすべてのメールに目を通します。

「社員には『何でも直接私に伝えてくれ』といってあるんだ」

いつも、そう話しています。

それだけでなく、彼はオフィスを個室化せず、オープンな社内環境をつくっています。そして気軽に現場に出向き、スタッフとのコミュニケーションを図っているのです。

サウスウエスト航空でも同じような逸話が数えきれないほど残されています。

日曜の午前3時に、CEOのハーバート・ケレハー氏が、差し入れのドーナツをもって、作業をしているスタッフに会いにいったこと。

旅客が多く、忙しい日には、ダラス・ラブフィールド空港でスタッフと一緒に、当然のように荷物や食料の積みこみをしていたこと。

LCCは、外からは、賃金は安く仕事もきつく、常に効率性が求められて、疲労感で疲弊し、職場内はギスギスしているように思われがちです。しかし、成功しているLCCの職場はまったく違います。リーダーは、仕事だけの考え方を超えて、生き方をも示しているのです。スタッフを一人ひとりの人間としてみていることで、リーダーのDNAはスタッフに受けつがれ、企業文化が築かれていくのです。

②リーダーと旅客との距離感

「イエーイ、ジェットブルー！」

多くの旅客が気軽にツイッターでつぶやいています。その2分後には、ジェットブルー航空から返信メッセージが送られてくるのを知っているからです。

もし、空港でトラブルに巻き込まれ、途方に暮れてツイートするようなことがあれば、ジェットブルー航空が困っている自分をみつけて、きっと問題を解決しようとしてくれる。そんな信頼感が多くの旅客に浸透しているのです。

ジェットブルー航空は、創業当初よりIT化を独自に推進させてきました。利用客とのコミュニケーションを重視するCEOのデビッド・ニールマン氏は、いちはやくソーシャル・ネットワーキングサービスを業務に取り入れて、利用客とスタッフのカジュアルな対話に力を注いでいます。

2009年の春に、直接旅客と対話する権限を与えられたツイッター・チームがつくられ、ツイートをモニターしています。権限委譲と組織横断の体制で、利用客にリアルタイムで対応をしているのです。

「ローコストとグッドサービスは両立する」という、ニールマン氏の信念から生み出されたジェットブルーの企業文化は、ITを効率化の軸とするだけではなく、働くスタッフがCEOと一体感を抱きながら利用客に接する重要な手段としているのです。

エアアジアでもCEOのトニー・フェルナンデス氏が、クアラルンプールの空港カウンターで乗客に気軽に声をかけます。

「旅はいかがでしたか?」「何かお困りのことはないですか?」

と。そして、こう付け加えます。

「だれでもいつでも、ファーストネームで声をかけてください」

自分が利用した航空会社のCEOに、笑顔でそんなことをいわれたら……。多くの旅客が虜《とりこ》にされる、魅力的なリーダーの存在がそこにあります。

このように、いままでの航空会社にはない旅客への接し方と、社内のフラットな組織作りをするリーダーの背中をみて、一緒に働くスタッフも、旅客にいつも明るくフレンドリーになろうとし、自分に何ができるのかを常に考えるようになっていったのです。

③スタッフに夢を与える

エアアジアは、世界中から評価され、注目されている会社です。

「私たちは全員が、世界に向かって活発に革新的に働いています。あなたの創造力を切り開くのに最高の場となるでしょう。

仕事と遊びを天秤にはかけられません。なぜなら、仕事が遊びを越えておもしろいからです」

これはエアアジアが掲げているスタッフ募集広告の一部です。

エアアジアは、サウスウエスト航空のビジネスモデルを手本にし、ライアンエアーの徹底したコストカットを積極的に取り入れ、人件費が安いアジアという特性を生かして、急激な成長を遂げているというのが、おおかたの評価です。

しかし見落としてはならないのは、そこで働くスタッフの力です。アジア圏においては、航空業界で働くことが、社会的に高いステイタスとみられるむきがあります。しかし、それだけではないのです。社内は家族的な雰囲気に包まれていて、スタッフにはだれでも希望の職に昇進する機会が与えられています。夢がそこに働くだれものそばにあるという企業文化が、躍進の原動力となっているのです。

タイ人の客室乗務員が、東南アジアで初めての女性パイロットになった事例がそれを象徴しています（彼女はのちにミス・タイランドのコンテストで優勝しました）。

コールセンターのオペレーターからパイロットになったり、客室乗務員からエンジニアに転進した女性もいます。彼女たちの1人は、インタビューに答えてこういっています。

「この業界への女性の進出はまだ新しいこと。女性パイロットは尊敬の目でみてもらえるからワクワクします」

イスラム圏であるマレーシアで、女性のパイロットを17人も抱えることは、とても革新的なことだといえるはずなのに、この会社にとっては、当然のことなのです。

あの有名なキャッチフレーズ「さあ、だれでも飛行機に乗れるんだ！（Now everyone can fly）」が、操縦席ですら例外ではなかったということでしょうか。

かなえられる夢がすぐ近くにあるということは、働く人に勇気と希望を与え、企業の活力を生みだすのです。

④ ユーモアと、思いがけないことへの出会い

〝人生は短く、辛く、深刻なんだから楽しまなければね。だから空の旅は思いっきりおもしろくなくては！〟

これはサウスウエスト航空のケレハー氏の口癖です。

ユーモアのセンスがあれば、仕事を効率的に処理することができる。また健康だって維持することができる。そして何より多少のプレッシャーがあったとしても、そのなかでおもしろいことを考えつく。

スタッフが仕事を楽しめなければ、利用者を楽しませることはできない。そして、サウスウエスト航空のリーダーたちは、スタッフが楽しめるよう、「現場のスタッフへ奉仕をする

こと」が自分たちの仕事だと思っているのです。

こんな話があります。デンバー国際空港が悪天候のため閉鎖となり、3機の航空機が、天候回復まで、近くの空港に着陸して待機することになったときのこと。最初は天候だから仕方がないとあきらめていた乗客でしたが、時間の経過とともに、次第にイライラがつのり……。結局、その3機は、当初の予定から4時間も遅れて、やっとデンバー国際空港に到着したというのです。

しかし、機内からでてきた乗客の言葉はまさに意外なものでした。

「思い出になる、粋なサービスが経験できたよ」

いったい何があったのでしょうか?

実はこのとき、機長が宅配ピザを（3機分の乗客のために）たくさん注文し、天候回復を待つ駐機中の機内で、サービスしたというのです。

その航空会社はサウスウエスト航空でした。

また、こんな話もあります。インターネットの動画サイトで、旅客機内の通路を散歩するペンギンを映した動画が話題になりました。

サンフランシスコで開かれた科学会議に、職員とともに参加したマゼランペンギンが、サンディエゴの水族館へと戻る機内で、特別に許可を受けて、機内を散歩させてもらったというのです。航空機内で、人気者のペンギンを運動させたのです。ペンギンが機内にいることさえ想像しにくいのに、散歩までさせてしまったというのです。

これも、サウスウエスト航空での出来事でした。

そんなユーモアに富んだサウスウエスト航空のスタッフたちですが、機内でのおもしろいアイデアの実践が、まれに一部の旅客の顰蹙《ひんしゅく》を買うこともありました。

そんな旅客からのクレームが会社に届いたとき、会社はスタッフたちの心意気をよしとして、全力でサポートしたのです。その旅客に対する返事は「私たちの会社はこういう会社なのです。お気に入らなければどうぞ他社をお選びください」だったそうです。

ユーモアや奇想天外なサービスは、それが奨励され、尊重される企業文化のなかからしか生まれません。お金をほとんど使わないＬＣＣならではのヒューマンサービスといえるでしよう。

⑤マスコミに愛されること

成功しているLCCのカリスマリーダーたちは、常にマスコミの注目の的になっています。なかでも、エアアジアCEOのフェルナンデス氏は、マスコミを自分たちの味方にしているリーダーの筆頭といえるでしょう。

社交的で人見知りをしないフェルナンデス氏は、自社のシンボルカラーである赤い野球帽をかぶり（これはエアアジアの宣伝にはかりしれないほどの効果を上げています。もちろんコストはゼロです）、愛車の小型車を自ら運転し、気軽にどこにでも現れます。フェルナンデス氏は、何時も記者の喜びそうなニュースの種をもっています。

たとえば、アジア各国への新路線の構想や、マレーシア航空との旅客獲得競争について、また、シンガポール・チャンギ国際空港の離発着に関する、マレーシア政府やシンガポール政府との論争、さらにはヴァージングループのリチャード・ブランソン氏がエアアジアXへ出資したことや、今後、エアバス社の旅客機を200機購入する計画など、どれも気になる話題ばかりです。

〈 サウスウエスト航空の広告 〉

サウスウエスト航空では、預入れ荷物１点分の追加料金を無料とし、他社と差別化を図っている。左の写真はその広告のワンシーン。作業員の身体にアルファベットで１文字ずつ、BAGS FLY FREE と書かれている。奇抜でユニークな広告は LCC が最も得意とするところだ。

しかも、多くの記者たちは、フェルナンデス氏の携帯電話の番号を知っていて、いつでも聞きたいことを直接聞くことができるといいます。

これほど良好な関係が築かれているからこそ、マスコミは、エアアジアのニュースを喜んで、そしてたくさん書きます。もちろん、その多くは好意的なトーンのものです。これが、お金を使わずに、大きな効果をもたらす広告宣伝となっているのです。

〝問題を提起して議論するために発言をする。これが大切なんだ〟

ライアンエアーCEOのマイケル・オレアリー氏も、マスコミの注目度がとても高いリーダーといえます。

オレアリー氏の発言は、常に斬新なアイデアと革命的な方法を、思いもかけないタイミングで披露します。ときにはわざと過激な言い方でマスコミを挑発します。だからマスコミも、目が離せないのです。オレアリー氏の発言が不可解であればあるほど、そのなかに真実を探そうとしてしまうのです。

ライアンエアーは、独特な意味で、マスコミに興味をもたれ、愛されている航空会社であるといえるでしょう。


一方、サウスウエスト航空では、予想外のアクシデントが起きたとき、乗務員は乗客に対し〝いつも以上のサービスにつとめること〟を訓練されているといいます。そして、マスコミも、こういった心温まる楽しいニュースがいたるところに転がっているということを知っています。

さきほどのピザのデリバリーのサービスや、ペンギンの散歩といったニュースは、多くの人たちの心をくすぐったことでしょう。

成功しているＬＣＣのリーダーたちは、それぞれの個性やセンス、そして高い経営意識で、マスコミに愛されようとしています。

そのマスコミによってニュースとなり、あらためて自分の仕事が評価されることになるスタッフたちは、そうやって注目されることで、より多くの達成感、満足感を得ることができるのです。

そしてそれが、会社の企業文化を醸成することにつながります。マスコミに愛される企業のリーダーはそのことも、よく知っているのです。

3.「スタッフまるごと」の一体感が生んだ成果
～非正規社員でやり遂げた35社の決算（ある会社の例）

ここでひとつ、日本での例をお話ししましょう。

ある大企業で、連結決算を実施するために、子会社の経理を集中させることになったときの話です。基幹となったのは金融子会社内の、正規社員2名と派遣社員1名のチームでした。

それまでその会社では、小規模な7社分の経理と80人分の給与計算業務を、簡易なパソコンソフトで細々と行っていました。ところがそれに加えて、国内各地の中規模までの28社の経理と、2000人分の給与計算を行うことになったのです。

彼らに与えられた準備期間は、たった3ヵ月。まわりからは無理じゃないかという声も聞こえてきました。

ところが、そんな心配は杞憂《きゆう》に終わりました。5倍に増えた会社の経理と、26倍に増えた給与計算を、新たに採用した数名の契約社員と、パートらのスタッフだけで、見事にこなしてしまったのです。

新しく加わった契約社員やパートスタッフ達だけで、どうしてうまくいったのでしょうか。その成功の鍵を握っていたのは、正規社員のリーダーシップと、一心同体となったチームワークでした。特にそのリーダーは、乏しいお金の使い方と人の心のつかみ方をよくわかっている人物だったのです。

リーダーはどのようなやり方で、このプロジェクトを進めていったのか、皆様にお教えしましょう。

そのリーダーが最初に掲げた信条は「仕事のリズム」でした。

狭い場所でも、少ない人材でも、リズムよく仕事ができれば、仕事は効率よく、そして正確な結果が得られ、士気も高く保つことができるというのです。

少ない予算のなかから、まず作業機器備品を購入しました。与えられたスペースには、基幹となるスタッフのためにボックス席を設け、大画面のパソコンと、袖机の上にはノートパソコンを設置しました。これにより、ソフト画面と計算画面との同時進行が作業標準となりました。手を伸ばせばすぐ届くところに、資料を置くこともできます。

そして、作業の動線に沿うようにして、事務所内の空きスペースに作業机を、その隙間にはプリンターなどの周辺機器を配置しました。

人件費については、「給料÷人数」の単価を低くすること、すなわち、一人ひとりの給料を安くすることではなく、「総人件費÷仕事の量と質」を最も効率的にすることに心がけました。

そして、経理の仕事に適性のある「質のよい人材」を採用することに力を入れました。短期間にこなさなければならない専門作業では、人の入れ替えは、致命的な非効率を招きかねないからです。業務の基幹社員として、税理士等資格取得の専門学校や実務経験者から人材を集めました。

また、総力をあげて、質のよいパート、派遣、ＳＯＨＯ（在宅作業者）等の補助スタッフも集めていきました。そうして集めた人材を、正規社員たちが的確に、見合った業務にアサインしていきます。

正規社員は、仕事の進捗状況や精度だけでなく、心の部分も含めて「スタッフまるごと」の一体感に気を配りました。仕事のミスやクレームには、正規社員が前面に立って対処するという体制が信頼感を生み、職場の雰囲気を明るくしました。

また特別に大きな貢献をした非正規社員に、たとえわずかであっても一時金で報いたことは、ここ一番でのがんばりにつながったようです。

決算作業の時期になると、リーダーたちが交代で、軽食をスタッフに配って歩きました。1人あたりわずか250円の予算でしたが、その軽食を食べたスタッフたちは、リーダーの心配りに、「自分たちは大切にされている」と感じたのです。一体感はますます強くなっていきました。

しかも軽食をとることで、集中力維持に役立ち、疲れの残る深夜残業が減り、何より割高な残業手当が抑制されたことはいうまでもありません。

ボジョレー・ヌーヴォー（ワイン）の時期には、リーダーは、パートスタッフ一人ひとりに、ワインを手渡しました。もちろん、担当作業への労《ねぎら》いの言葉も忘れません。

しかもワインには、働く主婦を支えてくれている、家族への感謝の手紙も添えられていました。こういった心配りが、スタッフの家族からの応援につながり、休日出勤などが必要になったときでも、何の問題もなく、むしろ喜んで協力してくれる体制をつくれました。

一方、一生懸命に仕事をしても、不幸にしてスキルや能率が期待どおりに伸びない契約社員には、６ヵ月の努力期間が与えられました。入念に適性を確認して採用したからには、この会社を離れたあとの失業手当など、ささやかでも、その後の生活のためになるようにとの、リーダーの配慮によるものでした。

こうして、３ヵ月の準備期間と、続く決算本番をこなしていったのです。

その後、契約社員の多くは、のちにつくられた社員登用制度によって、正社員となっていきました。

専門性の高い仕事では、「給料÷人数」の単価をいくら低くしても、急に辞めてしまうなど、優秀な社員が定着しない状況が起こります。そのために、効率的な仕事のリズムを保てないようなことになれば、人件費の無駄が増え、全体としての人件費はかえって増えてしまいます。

「総人件費÷仕事の量と質」の効率を重視するリーダーの信条と、「スタッフを丸ごと」受けとめる姿勢が、真の意味で「人件費を活かし」、低コストの業務体制をつくったといえるでしょう。

そこに「倍の力を発揮できるスタッフを生みだす」秘密が隠されていたといえるのではないでしょうか。

4．求む、魅力あるリーダー

ここまで、いろいろな例を紹介してきましたが、リーダーとスタッフとの関係のあり方がみえてきたはずです。

少なくとも成功しているLCCでは「心から〝スタッフを財産〟だと考えて、能力を活かし、磨こうとするリーダー」と、「それに応えて、仕事や顧客との短い接点を、自分の生活・人生の真正面で取り組むことを楽しいと考えるスタッフ」とが、一緒になって企業文化をつくり上げています。

実はこうした関係が、LCCビジネス公式を実現するための、不可欠の条件なのです。

航空業界で働く現場のスタッフに「飛行機は何で飛ぶの？」と聞いてみてください。きっと彼らはこう答えるでしょう。

「飛行機は人の和で飛ぶ！」

前項でお話しした「スタッフ丸ごとの一体感」を書きながら、私自身が現場でいわれていた、この「人の和で飛ぶ」という言葉を思いだしました。

この本を読み、ＬＣＣの儲ける公式だけわかっていれば、よい経営ができるというわけではありません。最終的には、「リーダーの人間としての魅力」と「スタッフの意欲と協力」があってはじめて、元気なＬＣＣを経営することができるのです。その牽引力は、勿論リーダーです。そしてこれは航空業界だけのことではありません。

「この製品のクオリティは何で実現できるの？」あるいは「このサービスはどこから生まれるの？」の答えはいずれも、「人の和でできる！」、「人の和から生まれる！」と現場のスタッフが口を揃えていうような、モラールの高い集団をつくり上げるのが、真のリーダーなのです。

おそらくいま、日本のリーダーに求められるのは、新しい発想をもっていることはもちろんですが、加えて、「世間に対しての発言力」や「人に対するみせ方」であるはずです。それがもたらすスタッフへの反響現象は、むかし考えられていたよりもはるかに大きく、有効なものになってきています。その事実は、LCCのリーダーたちが証明しています。

これからの日本の企業は、魅力あるリーダーをもつLCCと同じように、魅力あるリーダーたちをもつ海外企業と競争をしていかなければなりません。そして日本の企業、とくに中小の企業にそういうリーダーたちが生まれてくる可能性は、今後十分にあると思っています。「魅力的なリーダー」のもとでの「モラールの高い集団」、それは、そもそも日本企業が伝統的にもっていたものなのですから。

第4章のまとめ

1．公式の実現

2つの公式はいわば「理想的な体の動かし方」を示したもので、それを実現するのは「働く人」です。その「働く人」をどのように動かして、成功を生みだすかは、「企業文化（酵素）」によるものなのです。

2．倍の力を発揮できるスタッフを生みだす秘密

①「企業文化」をつくり、活性化させていくのはひとえにリーダーシップにかかっている。

②成功しているLCCのリーダーたちは、スタッフや利用客との距離感が近く、スタッフに夢を与え、ユーモアにあふれ、マスコミに愛されていることで共通している。

もう少しくわしく述べると、次のようになる。

・夢を実現しようとする情熱と、それを推し進める強烈なリーダーシップ
・アイデアの実現に向かい、気軽にスタッフと一緒に働くフットワークの軽さ
・スタッフへのサプライズを提供する、奉仕の気持ち

・スタッフを信頼し、権限委譲を行い、仕事がしやすい環境を提供
・ときには、利用客よりスタッフの側に立ち、スタッフを守ってくれる行動力
・優等生よりも、ユーモアをもったスタッフを歓迎
・マスコミを味方にして、企業をアピールすることのできる魅力的な性格

3. 真似のできない企業文化

「企業文化」で大切なことは、リーダーの姿勢を通し、スタッフが同じ夢をみられることであり、自分たちは、その夢の実現に必要とされていると感じることができることです。

そのような企業文化のなかでは、スタッフは自ら進んで行動するでしょう。さらに、リーダーがスタッフのために、自ら行動しやすい仕掛けやしくみをつくってあげることができていれば、彼らの力は必ず倍になり、しかも長続きするでしょう。

By the way ④

『長距離 LCC の出現とビジネスモデルの変革』

（エアアジアのホームページより）

近年、「短距離路線を単一座席クラスの小型機で運航する」というビジネスモデルを一転した、新たな LCC が登場しつつあります。LCC では禁じ手ともいえる長距離路線に、大型機で進出するというものです。既に成熟化しつつある短距離路線から目先を変え、高単価の旅客をねらえる、有望な新規マーケットへと進出を始めたというわけです。

すでに日本にも乗り入れている、オーストラリアのジェットスター航空や、エアアジアのグループ会社のエアアジアＸ が、その代表格といえます。長時間のフライトには機内の居住性や機内サービスが重要となるため、機材は大型機でありながら燃油効率がよく、席あたりコストも抑えやすいＡ３３０型が多く採用されています。また、客室内にはプレミアムクラスを設けたほか、エコノミークラスでも短距離路線と比べ、多少のゆとりをもたせています。

もちろん、機内サービスも長距離路線にあわせて充実させています。有料の付加サービスは有力な収入源でもあるからです。

さらに、長距離旅客を狙って旅行会社経由の販売を始める LCC や、乗り継ぎやコードシェアで FSA と提携する LCC、費用削減にシビアな法人のビジネスマンをターゲットとして、使用料が高いハブ空港に乗り入れる LCC もあります。これらをみると、LCC が FSA のスタイルに近づいてきているようにも思えます。

一方、これまで高単価の旅客に大きく依存してきた FSA も、他社との提携で利便性やサービスを高めて防戦するとともに、LCC の手法を取り入れて低コスト化を進めているほか、サービスを有料化するなどして付帯収入を稼ぐことで収益の回復を図り、復活を目指しています。

LCC が、そのビジネスモデルを変化させて FSA の市場に入り込み（LCC の FSA 化）、FSA は LCC の手法を取り入れて低コスト化する（FSA の LCC 化）という、新たな競争が始まっているのです。

あとがき

この本を書いている間にも、アジアの航空業界の動きがますます活発になってきました。ＬＣＣの攻勢を受けて、ＦＳＡは、キャリア運賃や他社との業務提携などで、低運賃の提供に力を入れています。ＬＣＣのように付帯運賃手法を取り入れるＦＳＡも出てきました。

一方、ＬＣＣでも、飛行時間が４時間を越すような、長距離路線への進出がみられるようになりました。

長時間のフライトには、機内サービスや居住性への配慮が必要となり、有料サービスを拡充させることで、これも付帯収入のさらなる増加につなげています。

そういった中で、無料のサービスがよいとするＬＣＣも現れました。

特にアジアのＬＣＣは、丁寧なサービスに力を入れ、アジアに適したブランディングを志向し、成長を遂げているのです。たとえば、自らを「プレミアムＬＣＣ」と称しているチェジュ航空は、「機内で軽食やソフトドリンクを有料化することは韓国人の感性に合わない」として、無料でサービスを提供しています。また預け入れ手荷物も20kgまで無料です。ＦＳ

Aに馴染んだ利用者も、これで料金がFSAの半額とまではいかなくても、30%程度安ければ、LCCへの利用へと移行もできるしょう。

このようにLCCは、FSAのようなサービスの提供を拡充して、FSAの旅客をさらに呼びこみ、他方でFSAは、新たな低運賃を提供して、LCCへの旅客流出を食い止める。こういう動きが大きくなってきました。すなわち、LCCのFSA化、FSAのLCC化です。こうしたLCC／FSA接近の流れは「ハイブリッド化」と呼ぶことができるでしょう。

LCCが長距離路線に進出するには、ボーイング社の小型機737―800やエアバス社の小型機A320などの機材では制約が出てきます。座席数の制限や燃料タンクの増槽などが必要となり、コスト効率が悪化してしまいます。

そこでLCCは、長距離路線に適合する機種を導入するとともに、ビジネスモデルを若干修正しています。

日本に乗り入れているエアアジアグループでは、長距離路線に特化したエアアジアXという会社を新たに立ち上げ、エアバス社の大型機、A330によって事業を営んでいます。また、オーストラリアのジェットスター航空も、これと同じビジネスモデルで日本 ― オーストラリア路線を運航しています。両社とも、まさにハイブリッド化したLCCです。

ハイブリッド化により、当然、「LCCビジネスモデル10項目」は項目が変わっていきます。しかしながら、この本をとおして説明してきた「超低コストの公式」「高搭乗率と利益の公式」「スタッフの力が倍になる秘密」は、LCCの根幹をなす経営テクニックであり、ハイブリッド化をするためにも必要な基本事項なのです。

LCCは「薄利多売」ではありません。低コスト、高効率から生み出された座席という低運賃の商品作り、そして、それに付帯するあらゆるものを新しく商品化してしまうという「商品の多様化」を実現した、まったく新しい航空ビジネスです。

LCCが日本で飛び続けることができるのか、そして日本製のLCCが世界で飛び続けることができるのか。この本を手に取った皆さんと一緒に、見守っていきたいと思います。

最後になりましたが、この本を書くにあたっては、航空経営研究所の同僚である紀和夫氏と森崎和則氏に大いなる協力をいただきました。

そしてだれよりもTAC出版の編集者である森孝時氏に感謝いたします。彼の助けなくしては出版までこぎつけることはできなかったと思います。この場を借りて御礼申し上げます。

著者

参考文献・ホームページ

●戸崎肇『これからの航空ビジネス早わかり』中経出版 2010年
●杉浦一樹『エアライン敗戦』中公新書ラクレ 2010年
●杉浦一樹『航空運賃に異状あり』中央書房 2008年
●ケビン・フライバーグ、ジャッキー・フライバーグ
『サウスウエスト航空─驚愕の経営 破天荒！』日経BP社 2009年
●伊集院憲弘『サウスウエスト航空の奇跡 社員第一、顧客第二主義』毎日新聞社 1999年
●Sen Ze, Jayne Ng " THE Air Asia Story", KANYIN PUBLICATIONS
●DIAMONDハーバード・ビジネス・レビュー編集部
『いかに「サービス」を収益化するか』ダイアモンド社 2005年
●フィリップ・コトラー他『コトラーのホスピタリティ&ツーリズム・マーケティング』
ピアソン・エデュケーション 2003年
●佐藤知恭『あなたが創る顧客満足』日経ビジネス人文庫 2005年
●近藤隆雄『サービスマネージメント入門』生産性出版 2007年
●航空経営研究所『LCCを使いこなす99の情報』二見書房 2011年
●航空振興財団『数字でみる航空』2011年

●"People Express Airline Rise and Decline", Harvard Business School 1993.9.14
●『茨城空港の利用活用に関する提案』ＡＮＡ総合研究所 ２００８年
●橋本安男『ジェットブルーの光と影』日航財団 ２００６年
●永井昇『ピープル・エキスプレス航空の企業活動』観光学会 ２００６年
●『低価格こそ顧客サービス、最大の武器はＩＴだ 春秋航空』日経コンピュータ ２０１０年10月13日号
●『大竹剛のロンドン万華鏡』日経ビジネスオンライン
●ＪＡＴＡ会議議事録「エアアジア」２００８年
●ウォール・ストリート・ジャーナル『ＳＷ航空、穴あき事故で異例の措置』２０１１年
●ＣＩＯマガジン『ジェットブルー・エアウエイズ』ＩＤＧジャパン ２００３年
●プレジデントロイター『ニュースな会社経営』２００９年
●プレジデントロイター『ホットな会社・経営』２０１０年
●ＭＯＮＥＹｚｉｎｅ『財務諸表が読める・分かる』２００９年
●Ｓｅａｒｃｈｉｎａ『上海に進出している日系外食』株式会社サーチナ ２０１１年

このほか、各航空会社および航空機製造メーカーのホームページ掲載の情報、ならびに各企業のＩＲ資料を参考としています。

●著者プロフィール

赤井奉久（あかい・よしひさ）
航空経営研究所　代表取締役　研究所長。日本航空の経営企画、経理部門にて、長年経営・収支・コスト等の分析及び計画立案に携わる。のち日本航空グループの経理、給与計算業務を集中処理する子会社を立ち上げ社長に就任。2007 年に退職し、航空経営研究所を設立。明海大学、文化学園大学講師。

田島由紀子（たじま・ゆきこ）
航空経営研究所　主席研究員。日本航空にて主に国際旅客の空港業務に携わる。サービス訓練グループ長として、サービス向上や多くの国際旅客人材育成に活躍。2007 年に退職し、航空経営研究所に入所。内外の航空情報の収集・調査・分析を行うとともに、企業や大学で、人材育成・接客・クレーム対応等の講座を実施。明海大学講師。

「格安航空会社《かくやすこうくうがいしゃ》」の企業経営《きぎょうけいえい》テクニック

2012 年 2 月 14 日　初 版　第 1 刷発行

著　　者　赤井奉久・田島由紀子
発 行 者　斎藤博明
発 行 所　TAC 株式会社 出版事業部（TAC 出版）
〒101-8383 東京都千代田区三崎町 3-2-18　西村ビル
電 話　03-5276-9492（営業）
FAX　03-5276-9674
http://www.tac-school.co.jp/
印　　刷　株式会社　ワコープラネット
製　　本　株式会社　常 川 製 本

　ISBN 978-4-8132-4560-5

コトラーのマーケティング理論が2.5時間でわかる本

身近な商品の最新実例がたっぷりだから、マーケティングを断片的にしか知らない人も全く知らない人も、理論の体系が身に付く。豊富な100点以上の図表でわかりやすく紹介！

岡林秀明・著
定価1,260円

経済ニュースの裏を読め！ 世界経済編

あのベストセラー『経済ニュースの裏を読め！』の世界経済編が登場！リーマンショック以降のメディアが伝えない世界経済の真実を、人気エコノミストの著者がわかりやすく解説します。

三橋貴明・著
定価1,470円

資源に何が起きているか？

日本人は将来、マグロが食べられなくなる？ 太陽〈熱〉発電は、原子力の替りになれる？ 高騰や枯渇が大きな問題となっている資源について、市場分析のプロが現状と未来を解説！

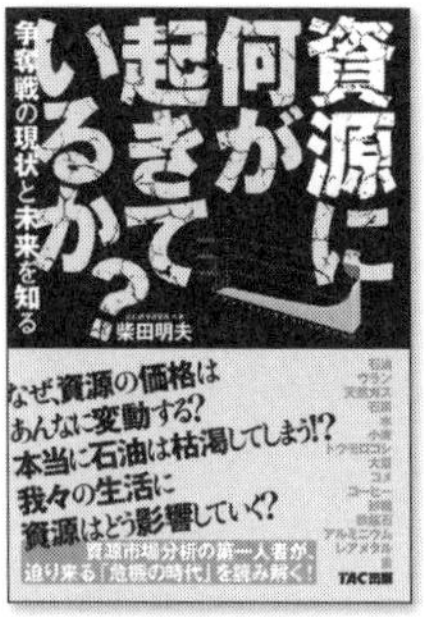

丸紅経済研究所代表 柴田明夫・著
定価1,470円

TAC出版 価格は税込です。

ご購入は、全国書店、大学生協、TAC各校書籍コーナー、
TACの販売サイト「サイバーブックストア」(http://bookstore.tac-school.co.jp/)、
TAC出版注文専用ダイヤル(0120-67-9625 平日9:30～17:30)まで

お問合せ、ご意見・ご感想は下記まで
郵送：〒101-8383 東京都千代田区三崎町3-2-18
TAC株式会社出版事業部
FAX：03-5276-9674
インターネット：左記「サイバーブックストア」